RECHERCHES SUR LES RELIQUES

DE

L'ANCIEN TRÉSOR

DE LA

COLLÉGIALE SAINT-DENIS DE VERGY

TRANSFÉRÉE EN 1609 A NUITS

Aujourd'hui NUITS-SAINT-GEORGES (Diocèse de Dijon)

PAR

EUGÈNE MÉRAY

Correspondant de la Commission des Antiquités de la Côte-d'Or

DIJON

IMPRIMERIE JACQUOT & FLORET

Rue Berbisey, 12, près la place Saint-Georges

1898

RECHERCHES SUR LES RELIQUES

DE

L'ANCIEN TRÉSOR

DE LA

COLLÉGIALE SAINT-DENIS DE VERGY

RECHERCHES SUR LES RELIQUES

DE

L'ANCIEN TRÉSOR

DE LA

COLLÉGIALE SAINT-DENIS DE VERGY

TRANSFÉRÉE EN 1609 A NUITS

Aujourd'hui NUITS-SAINT-GEORGES (Diocèse de Dijon)

PAR

EUGÈNE MÉRAY

Correspondant de la Commission des Antiquités de la Côte-d'Or

---

DIJON

IMPRIMERIE JACQUOT & FLORET

Rue Berbisey, 12, près la place Saint-Georges

1898

AVANT-PROPOS

Je commence par grouper sous ce titre : *Instrumenta*, tous les documents que j'ai estimé utiles à la preuve de l'authenticité des reliques conservées dans les archives de la paroisse de Nuits. Je les ai classés par ordre chronologique et fait suivre d'un renvoi à une note complémentaire d'explication touchant chacun desdits documents. Ces *addenda* sont réunis sous le titre : *Commentaires*.

En troisième lieu, j'ai dressé par ordre alphabétique la nomenclature de tous les saints dont le trésor de la Collégiale de Vergy a possédé quelque relique à partir de sa fondation en 1023 jusqu'à sa suppression en 1792. A tous ces noms de saints j'ai ajouté la mention des documents où il en est question, et même quelques renseignements sommaires se rattachant à nos traditions locales. Je serais au comble de mes vœux, si cet humble travail pouvait contribuer au rétablissement du culte de nos saintes reliques, autrefois si populaire à Nuits. Sous le titre de *Conclusion*, j'expose, en terminant, les motifs de ma confiance à la réalisation de ce rêve.

EUGÈNE MÉRAY,
ancien fabricien.

RECHERCHES SUR LES RELIQUES

DE

L'ANCIEN TRÉSOR

DE LA

COLLÉGIALE SAINT-DENIS DE VERGY

INSTRUMENTA

Testament de Guillaume de l'Arc, chanoine de la collégiale de Beaune (1341).

D'après son testament conservé aux archives de la Côte-d'Or (G, 471), on apprend que ce dignitaire ecclésiastique lègue à l'église Saint-Denis de Vergy une pierre de saphir sertie dans le chaton d'un anneau d'or pour être exposée avec les reliques, toutes les fois que sera paré le grand autel, à condition que les chanoines de ladite Église fourniront un de leurs calices pour desservir la chapelle Notre-Dame de Beaune, fondée par ledit Messire Guillaume de l'Arc. Ce testament, reçu par de Salain, notaire, est daté du dimanche avant la Fête-Dieu de l'année 1341.

(Voir la note *B*, p. 30, au chapitre des Commentaires).

Extrait d'un inventaire des reliques appartenant au Chapitre de Saint-Denis de Vergy, rédigé en 1444 sous Jean II Rollin, évêque d'Autun (arch. Côte-d'Or, G. 471).

Ecclesia collegiata ab antiquissimis temporibus per potentes, illustrissimosque viros Dominos Duces Burgundiæ in honorem et sub vocabulo beati Dionisii fundata pariterque dotata a dictis temporibus..........
Quodque a dictis temporibus in ipsâ Ecclesiâ Collegiata fuerint plures reliquiæ et maximæ quædam capsæ quæ a longis temporibus neque de memoria hominum fuerint apertæ atque etiam plures reliquiæ tam in argenteis quam in aliis repositoriis consistentes et quod propter turbines temporum, pestesque mortalitatum et alia plura incommoda quæ diutius in Ducatu Burgundiæ et aliis locis circumvicinis.....................
............populus pluresque sicuti solebant ad ipsam ecclesiam non accesserunt more solito frequent........
....

Et in eâdem Ecclesiâ supra magnum altare quamdam pulchram capsam argenteo et cupro coopertam in suis casibus et columnis deauratam.............. quæ ut assistentes affirmabant ex memoriâ hominum non fuerit aperta.

Quam plurimæ sanctorum et sanctarum Dei reliquiæ provis................ ex branculis eisdem annexis, quidem in quodam sacculo rubri coloris in ipsâ capsâ repertæ fuerunt reliquiæ sequentes una cum suis branculis videlicet :

De capillis beatæ Mariæ Virginis
et dentibus beati Eustachii.
De sancto Lupicino abbate.

Item in quodam alio parvulo sacco crocei coloris inventæ reliquiæ inscriptæ cum earumdem branculis :

De corpore BEATI DIONISII martyris sanctissimi unum maximum et grossum os.

Item *de sancto Martino Turonensi episcopo.*
   DE SANCTO BLASIO MARTYRE ET EPISCOPO,
   de sancto Stephano protomartyre,
   DE SANCTO BENIGNO,
   DE SANCTO LEODEGARIO,
   de sacro . . . . Virgine,
   de ligno sanctæ Crucis,
   DE SANCTO JULIANO MARTYRE.

Item in parvo scrinio marmoreo inventum est :
   de sepulchro Christi,
   de capite sanctæ Agnetis virginis.

(Un pli du parchemin sur lequel est transcrit le vieil inventaire ayant effacé l'écriture, deux lignes entières sont complètement illisibles.)
   de sanctis Innocentibus,
   de capite BEATI DIONISII,
   de sanctà Marià Magdalenà.

Item in parva cruce aurea *de ligno sanctæ Crucis.*

Item in quodam pulcherrimo . . . . argenteo artifice mirabili fabricato inventæ sunt in anteriori parte ipsius reliquarii unum *maximum os de menthone* (sic pour de mento) *SANCTI DIONISII.*

Item *de sanctà Margaretà*
   de sanctà Elisabeth

Item in quàdam imagine argentei deaurati sunt aliquæ reliquiæ *SANCTI SYMPHORIANI.*

Item in aliquàdam imagine sancti Dionisii argento aureato fabricatà quiddam *primum os ejusdem BEATI DIONISII.*

Sunt etiam adhuc in loco dicto Vergeio. Actum per me Hugonem de Salinis commissarium 27 Januarii 1444.

Suivent les noms de plusieurs témoins.

(Voir la note *C* concernant cet inventaire, au chapitre des Commentaires, p. 31).

———

Extrait de l'Inventaire des meubles et joyaux de l'Église Saint-Denis de Vergy fait par Messires Doyen et Chanoines de ladite Église le dix-neuvième jour du mois de May l'an mil cinq cent cinquante-deux et ce satisfaisant au vouloir et commandement du Roy notre Sire, de Mgr le révérend Eveque d'Ostun en ses vicaires aussy.........de Messieurs les commis par le Clergé dudit Diocèse.......

.........desquels meubles et joyaux la déclaration s'en suit :

Premièrement. Ung reliquaire fait en manière de Chief ouquel est et repose *le précieux teste et mandibule de Mgr SAINT-DENIS chief et patron de ladicte Eglise*, lequel est d'argent doré d'or (ligne rayée) et le pied est de cuivre doré d'or et poise environ trois ou quatre marcs d'argent.

B^tiem Un rond reliquaire d'argent ouquel il y a *de la ceinture de la glorieuse Vierge Marie, de ses habillements et de ses cheveux, laquelle ceinture l'on*..................... reliquaire de grande valeur.

C^tiem Une chàsse de boys étant sur le grand austel et en laquelle reposaient *les ossements du corps de saint Martin et de plusieurs autres saints*, laquelle est couverte d'argent et à l'entour d'icelle sont................. en argent les ymaiges des douze apôtres, la plupart desquelles pour la grande.......... d'icelle chapelle ont les têtes et bras rompus et les entournures d'icelles sont de cuivre doré d'or ....

D^{item} Ung petit reliquaire d'argent ouquel est.........
de Saint..... Baptiste.

E^{item} Ung autre reliquaire d'argent ouquel il y a *de la
collhe et robe blanche de la Vierge Marie ensemble du corps
et vestements de SAINT DENIS.*

F^{item} Ung aultre ymaigier et reliquaire d'argent ouquel
sont *des ossements de M^{re} saint Denis et du chief d'icelluy*
et le dessus duquel ymagier est d'argent et le pied est de
cuivre doré d'or et n'est ledict ymagier de grande valeur.

G^{item} Ung aultre reliquaire en façon de bras lequel est
de boys et couvert d'argent ouquel il y a *DES OS DE SAINT
ANDRÉ, APOTRE.*

H^{item} Ung aultre reliquaire en façon de bras lequel est
couvert d'argent ouquel pend *UN AGNEL D'OR.*

I^{item} Ung aultre petit reliquaire de bois couvert d'argent en manière de croix, ouquel il y a *DES RELIQUES DE
SAINT BLAISE.*

K^{item} Ung aultre reliquaire en façon de bras lequel est
couvert d'argent et en icelluy *un os de saint Jehan.*

K^{item} Ung aultre ymagier d'argent........... dont le
pied est de cuivre doré d'or ouquel pend *de la vraie
Croix de Notre Seigneur.*

L^{item} Ung aultre d'argent poise environ un marc d'argent.

M^{item} Une petite paix d'argent qui n'est de grande valeur en laquelle est pourtant en émail un crucifix.

N^b Une croix de bois couverte d'argent...........

O^{item} Deux calices d'argent dont ung doré d'or........

P^{item} Ung aultre reliquaire d'argent ouquel sont......
deux anges, lequel on a accoutumé de porter le précieux
corps de Dieu le jour de la feste-Dieu et poise environ
ung marc d'argent.

R^{item} Un......... corps d'argent en laquelle on a faict
ymagier les............ en........... à la dicte Église.

Item ung petit reliquaire de mestal ouquel est *du corps de la Magdeleine* et. . . . .

8ᵗᵉᵐ Ung aultre petit reliquaire d'argent en façon d'une Notre-Dame. reliquaire d'une grande valeur . . . .

Ont déclaré . . . .

(Voir aux Commentaires la note *D* concernant l'inventaire susdit qui fait partie, ainsi que les deux pièces précédentes [pp. 7 et 8] du dossier [G, 471] des archives départementales de la Côte-d'Or).

On remarque encore dans le même dossier *une permission accordée par Mᵍʳ Pierre Saulnier, évêque d'Autun, autorisant le transfert à Nuits des reliques et fonts baptismaux dudit Vergy, ainsi que la célébration d'une fête pour l'anniversaire de cette translation.* Il y est ajouté un ordre aux habitants des lieux voisins de fournir les voitures nécessaires à cette opération;

Un ordre du roi daté de septembre 1609 aux habitants de Chambolle, Morey, Gilly et autres lieux d'avoir à fournir les chars pour le transport des reliques de Vergy à Nuits;

Enfin la lettre d'un vicaire général d'Autun en vertu de laquelle *les chanoines de Saint-Denis sont autorisés à reculer du 9 octobre au dimanche avant le 9 novembre ladicte fête de la translation des reliques.*

Il est superflu de faire ressortir l'intérêt majeur qui s'attache à toutes ces pièces pour la paroisse de Nuits. Elle devrait en posséder les expéditions complètes dans les archives de sa Fabrique.

Extrait de l'histoire généalogique de la maison de Vergy par André Duchesne, Tourangeau, géographe du Roy. (Paris, Sébastien Cramoisy, 1625.)

(Page 57) *Humbert de Vergy*.......... D'ailleurs, afin de rendre l'Église plus vénérable par la présence de quelques reliques, il y mit *deux os tirés du col de SAINT DENIS, premier évêque de Paris,* lesquels il impétra de l'abbé et des religieux de Saint Denis.:...............
(Pages 108 et 109) *Hugues de Vergy.*.... *Gille de Trainel,* veuve de Hugues de Vergy, donna à l'église Saint-Denis de Vergy un riche vase pour la garde du précieux corps de Notre Seigneur et *un bras de saint André, apôtre.*

Le jour du décès de cette pieuse donatrice est marqué le trentième jour du mois de janvier à l'obituaire de l'Église Saint-Denis en souvenir de ses libéralités. (*Preuves de l'Histoire généalogique,* page 154.)

(Voir aux Commentaires).

———

Extrait de l'ordo officiorum et fundationum Ecclesiæ Collegiatæ sancti Dionisii de Vergeio nunc per translationem de Nuciaco (Nuciaci apud Jacobum Lemalle capituli et urbis typographum, MDCCXIX).

Die XVI octobris; octava SS. Dionisii et sociorum, duplex. In secundo nocturno.

LECTIO IV

Inter Sancti Dionisii cultores, clarus in paucis fuit Humbertus qui et Hezelinus, Æduensis diaconus. Is antiquâ et perillustri Vergiacensi familiâ natus in castro Vergiaco, natali suo factam ædem fundavit sub sancti Dionysii nomine et honore consecrandam anno Dominicæ Incarnationis millesimo vigesimo tertio (1023), instituto ac dotato collegio canonicorum, qui divinis in eâ rite obeundis officiis in perpetuum intenderint. Stetitque id collegium ad sexcentos fere annos. Donec anno Christi supra millesimum et sexcentesimum nono (1609), regiis edictis diruto castro Vergiacensi Nuciacum migrare compulsum est.

LECTIO V

Promotus post annos aliquot Humbertus ad episcopatum Parisiensem cum mense Junio anni millesimi quinquagesimi in magno Præsulum ac Procerum cœtu sacrorum tumulorum sancti Dionisii sociorumque martyrum apertioni interfuisset quasdam illorum reliquias nonactus eas Vergiacensi a se fundatæ ecclesiæ tribuit. Quibus et aliæ nonnullæ de sacris iisdem corporibus post modum adjectæ, loci religionem usque adeo auxerunt ut *ad eas populorum concursus fieret*. Et multa in pios supplices divina extarent beneficia. *Præcipuè in depellendà epilepsià quæ idcirco usus obtinuit ut sancti Dionisii morbus vulgo nuncuparetur.*

LECTIO VI

Illustre est et sempiternâ memoriâ dignum quod de *mortuo suscitato* tabulæ Vergiacenses sic referunt. Anno Christi millesimo quadragentesimo quadragesimo septimo (1447), die mensis Junii sextâ-decimâ, feriâ quintâ, appetente vesperâ, in villâ nomine Oussans prope Vercellas Sequanorum. Cum in hujus villæ ecclesiâ deposita esset capsa sancti Dionisii Vergiacensis, quæ tum certis de causis circumferebatur. Johannes sex, septemve annorum puerulus, forte de ponte in subjectum amnem præceps ruit. In cujus fundo postquam per horæ solidæ spatium jacuisset, inde extractus exanimis et in sacrum ædem delatus, ante sancti martyris reliquias depositus est. Ubi multis orantibus ac præsertim matre pueri

Sibillâ beati Dionisii opem implorante, repente magnâ voce exclamans puer vitam et incolumitatem se recepisse testatus est. Atque exinde superstes miraculum suum latè circumtulit.

Die IX Novembris, Translatio reliquiarum sancti Dionisii et sociorum martyrum. Duplex majus, in secundo nocturno.

LECTIO IV

Sanctorum martyrum Dionisii, Rustici et Eleutherii insignis Ecclesia Collegiata Vergiacensis fundata est ab Humberto domino Vergiacensi et Æduensi archidiacono, qui et Ezelinus dictus est. De consilio præsertim Elizabeth comitissæ quæ in comitum Masticonensium nobilissimam atque a regibus derivatam familiam enupserat. Datæ sunt fundationis tabulæ Francis imperante Roberto rege quinto nonas Martias anno Dominicæ Incarnationis millesimo vigesimo tertio (1023), indictione sextâ. Idem Humbertus creatus postmodo episcopus Parisiensis constituit anno millesimo trigesimo secundo (1032), Henrico primo Francorum rege, indictione decimâ quintâ ut Vergiacensis a se fundata Ecclesia, ab Æduensi sancti Lazari Decano et Capitulo regeretur. Quia, inquit, præfata Canonicorum congregatio in regularibus institutis nulli inferior valet inveniri.

LECTIO V

Ex quibus verbis cognoscere licet, fuisse tam regulares sancti Lazari canonicos uti et Vergiacenses sancti Dionisii. Ducentis fere post annis vetustate satiscens sancti Dionisii ædes instaurata est. Juvitque opus præ cæteris Aalides Hugonis domini Vergiacensis filia, Burgundiæ Ducum Odonis tertii conjux, Hugonis quarti mater. Quæ Ducissa Burgundiæ posuit primum lapidem in Basilicâ nostrâ novâ et ad opus dictæ Ecclesiæ centum libras dedit Viennenses et postea plus quam ducentas Divionenses ad prædictum opus. Obiit octavo idus Martiæ.

LECTIO VI

Stetitque Dionisiana Ecclesia ad annum Christi usque millesimum sexcentesimum nonum (1609). Quo anno placuit Henrico quarto Regi castrum Vergiacum solo æquari et collegium canonicorum Vergiacensium Nuciacum transferri. Quo simul importatæ de sancti Dionisii corpore insignes aliquot reliquiæ pretiosis capsulis inclusæ, *una cum multis aliorum sanctorum reliquiis quæ in dictâ Ecclesiâ ad hæc usque tempora religiose servabantur. Nunc novæ Ecclesiæ ornamento pariter et populis undique advenientibus præsidio sunt.*

Festa Octobris. Dominica infra Octavam sanctorum Dionisii et sociorum, fit officium sanctorum Præsulum Æduensium. Duplex, in secundo nocturno.

LECTIO IV

.... Quâ die populus ab omni opere servili cessans orationibus vacare et divinis officiis mancipari debet....................

LECTIO V

....
.... Nec ab ipsa solemnitate censendus alienus, *PATRONUS NOSTER LEODEGARIUS*, sacrificium Christi vespertinum, qui pro justitiâ et veritate quæ vere martyrem faciunt, temporibus christianorum effectus est martyr novus.

____

Extrait du Calendarium qui précède l'Ordo.

Février 3. *Sancti Blasii martyris*, duplex.............
exponuntur reliquiæ ejusdem sancti.
Martius 19. Sancti Joseph, duplex .... Hodiè

exponitur sacrosanctum Sacramentum post matutinum et cantatis post completorium litaniis sancti Joseph datur benedictio sacratissimi Sacramenti . . . .

Aprilis 23. Sancti Georgii . . . . Hodie fit processio ad Ecclesiam Parochialem sancti Symphoriani . . . . ubi magna missa cantatur.

Aprilis 30. *Sancti Eutropii martyris*, duplex . . . . .

Julius 4. *Sancti Martini episcopi et confessoris*, duplex.

Augustus 22. *Sancti Symphoriani martyris*, duplex.

Augustus 28. *Sancti Juliani Martyris*, duplex.

October 2. *SANCTI LEODOGARII EPISCOPI ET MARTYRIS*, duplex.

October 9. Fit officium solemne, duplex primæ classis — *beatorum DIONISII, Rustici et Eleutherii cum octavâ*... Hâc die, benedictio sacratissimi Sacramenti datur pro quâ cantatur solum : Tantum ergo, etc. cum versiculo et oratione et posteà cantatur solemniter : Te Deum. . . .

Dominica infra Octavam. Fit officium solemne omnium sanctorum Præsulum Æduensium.

November 2. *SANCTI BENIGNI MARTYRIS propter insignes ejus reliquias quæ sunt in nostrâ Ecclesiâ.*

November 9. Officium solemne. *Translationis reliquiarum sanctorum DIONISII et sociorum et aliorum sanctorum Castro Vergiacensi Nuciacum. In cujus translationis memoriam fit processio per urbem in quâ dictæ reliquiæ portantur.*

J'ai cru devoir insérer ici, parmi les fêtes du calendrier de l'ancien *Ordo*, celles de saint Joseph et de saint Georges, bien que le trésor de la collégiale n'ait jamais possédé la moindre parcelle de relique de ces saints; mais dans l'Église neuve ainsi que dans l'ancienne collégiale, comme on l'apprendra plus tard dans le mémoire du chanoine Michel, ... une chapelle dédiée à saint

2

Joseph et, pendant tout le mois de mars qui lui est consacré, on récite encore aujourd'hui ses litanies.

On a ajouté le nom de saint Georges à celui de la ville de Nuits. Ce n'est pas, hélas! pour une raison d'ordre surnaturel; néanmoins dans une certaine mesure il est notre patron et nous devons l'invoquer comme on le faisait autrefois.

Extrait d'un mémoire manuscrit sur le chapitre de Saint-Denis de Vergy en Bourgogne, fondé en 1023 et transféré par les ordres de sa Majesté Henri IV en 1609 dans la ville de Nuits. Par François Michel, chanoine primicier de la collégiale. (Fonds Baudot, notes de Courtépée, n° 38; bibliothèque publique de la ville de Dijon.)

....

....

..... « En 1050, il *(Humbert de Vergy, évêque de Paris)*
« orna son Église d'un magnifique reliquaire de vermeil;
« d'un côté est le crâne de saint Denis, de l'autre sa
« mâchoire inférieure qui subsistent en entier par un
« miracle continuel et sont l'objet de l'admiration et la
« vénération de tous ceux qui y viennent même de plus
« de cinquante lieues. En voici la description : Le reli-
« quaire, la mâchoire inférieure et le crâne de saint
« Denis. On voit à la mâchoire l'emboîtement de six
« dents et la saillie de la partie supérieure de cette mâ-
« choire annonce que le saint portait la lèvre inférieure
« plus avancée que l'autre; la modicité de cette mâ-
« choire et du crâne annonce que le saint avait la tête
« très petite. L'un et l'autre n'ont point souffert de la
« vétusté.

« Le reliquaire qui les contient est de vermeil enrichi
« de différentes pierreries et du poids de plus de quatre-
« vingts marcs. Son dessin et ses ornements, très artiste-

« ment conduits et distribués, sont infiniment au-dessus
« du prix du métal, pour ne pas dire inestimables. Il
« représente l'ancien château fort des comtes de Vergy.
« Il est élevé sur une colonne dont la base est sexagone
« et de treize pouces au carré et la châsse de deux pieds
« de circonférence sur vingt-cinq pouces de hauteur.
« Dans le centre une principale tour intérieure de l'an-
« cien château de Vergy pareillement sexagone, à chacun
« des angles de laquelle est accolée une tourelle qui va
« se terminer au cordon supérieur de la maîtresse tour.
« Ces tourelles à chaque angle laissant six intervalles
« qui présentent six faces du corps du château, et le
« battent et dominent sur les intervalles et se défendent
« les uns sur les autres ayant chacune des créneaux et
« une lanterne au dôme aigu semblable au beffroi d'une
« ville de guerre. Il y a six tenaillons en avancée des
« tourelles, la lanterne de celles-ci domine sur ceux-là.
« Ils communiquent au premier par deux escaliers cou-
« verts sortant des deux cordons de chaque petite tour
« et vont se terminer à deux créneaux de chaque tenail-
« lon meurtrier. Ces créneaux sont ronds et saillants en
« forme de bouche à feu, ce qui fait présumer que les
« ouvrages originaux étaient destinés à la défense des
« dehors de la forteresse. Chaque de ces tenaillons est
« couvert d'un ouvrage à quatre angles dans lesquels
« sont quatre guérites (?), ce qui fait vingt-quatre. Le
« chaperon de la maîtresse tour qui forme l'intérieur de
« la forteresse est aussi sexagone figuré en écailles dont
« la direction des angles est saillante, ornée d'une frise
« en relief. Il est terminé à sa hauteur par une triple
« couronne dont les deux extrémités de circonférence
« *(sic)* représentent deux couronnes de marquis et celle
« du milieu une couronne de comte dont le métal est
« damasquiné sur les boutons. La troisième couronne
« supérieure est fermée par une pomme de pin, le tout

« en vermeil. Aux intervalles d'un tenaillon à l'autre
« sont six portails couverts qui conduisent au corps de
« la forteresse, aux entrées desquels sont les quatre
« évangélistes et aux deux autres sont la mâchoire et le
« crâne de saint Denis couverts d'une grille chargée de
« figures hiéroglyphiques dans un cercle ovale de ver-
« meil. Ces portails sont soutenus de chaque côté par six
« colonnes damasquinées, tous lesquels ouvrages sont
« conduits sur un fond orné de découpures, enrichi de
« plusieurs reliefs, chargé de différentes pierreries ainsi
« que le contour du reliquaire soutenu et assis sur un
« pied de treize pouces de diamètre, distribué en six
« angles marqués par une parfilure de pierreries sur
«. découpures. Il y a six pattes de lion qui portent le
« pied de base bordé d'une ceinture de frise aussi char-
« gée de différentes pierreries sur laquelle base du reli-
« quaire sont répandues les armes de Vergy qui sont
« actuellement celles du chapitre. Ce sont trois feuilles
« de violet sablées d'argent et sur le reliquaire damas-
« quinées en argent avec figures symboliques..........

. . . .

*Ouf! J'ai cru devoir copier dans son intégrité, hélas!
celte inqualifiable description. Puisse-t-il se rencontrer un
interprète de rebus assez clairvoyant pour extraire de ces
trois pages de galimatias un objet d'art merveilleux, ainsi
que tous ceux auxquels il a été donné de le contempler se
sont accordés à le proclamer.*

(Voir aux commentaires la note intitulée : *Châsses et
reliquaires*, page 35).

« Sur le maître autel de la collégiale qui est à la
« romaine, six grands chandeliers de cuivre avec les
« armes du chapitre; quatre bras dorés où sont les osse-
« ments reliques de saint André, apôtre, de saint Blaise,

« martyr, de saint Eutrope et de sainte Élisabeth, qui
« sont des présents des ducs de Bourgogne............

.... « Quatre autels boisés avec des sculptures, de
« saint Denis, de la Vierge, de la Croix et de saint Joseph.

.... »

*(Ce mémoire me paraît de la seconde moitié du XVIIIe
siècle.)*

---

*Buste en bois sculpté avec les attributs de saint Bénigne,
à Boncourt-le-Bois, près Nuits.*

Il y a un certain nombre d'années, en visitant l'église
de Boncourt-le-Bois, mon attention fut attirée par un
vieux buste en bois sculpté et peint, mais très défraîchi.
Sa proportion était un peu au-dessous de la grandeur
naturelle, et on l'avait muni de tous les attributs caractéristiques, spéciaux à notre saint Bénigne, patron du
diocèse, savoir : les deux lances en sautoir qui lui traver-
sent le haut du corps, et la barre de fer horizontalement
placée qui lui pénètre le crâne. Ce buste surmonte un
piédouche avec lequel il ne forme qu'un seul bloc. Par-
devant ce pied consistant en un pilier trapu dont on
n'aperçoit que la base et aussi, en guise de chapiteau,
la corniche moulurée avec denticules, est taillée, toujours dans le même bloc, une châsse de forme quadrangulaire, assez grande pour contenir une très belle relique
et ornementée à la partie supérieure de son encadrement
par des draperies en festons. Sur la corniche est posée à
plat une couronne de lauriers débordant le support. Le
buste de saint Bénigne, les épaules revêtues de la cha-
suble sacerdotale, émerge de ladite couronne. Cet ouvrage de sculpture remonte aux premières années du
dix-septième siècle; rien n'est plus facile à constater. Il
dut être commandé par les chanoines de Vergy, dès

qu'ils furent installés à Nuits, pour enchâsser et exposer à la vénération des fidèles leur insigne relique de saint Bénigne. Lorsque je le vis pour la première fois à Boncourt, le verre de la châsse était brisé; j'y trouvai un vieux papier jauni par l'humidité et portant quelques lignes manuscrites dans lesquelles se lisait cette déclaration : « *Je certifie que ce buste et ces reliques étaient ci-devant dans notre Église de Saint-Denis de Vergy par translation de Nuits et qu'ils ont été transportés par les soins du soussigné dans la paroisse de Boncourt en l'année 1775, le jeudi 25 mai, jour de l'Ascension de Notre-Seigneur. (Signé) Poupon, Chanoine, desservant Boncourt-le-Bois.* »

Auprès de cet écrit se voyait un fragment d'os plat déposé à même sur le bois dégarni de la châsse, sans bandelette ni la moindre attache; on ne saurait admettre que ce fût la relique pour laquelle les chanoines de Nuits avaient fait sculpter et polychromer ledit buste. M. le curé d'Agencourt, dont actuellement Boncourt est l'annexe, averti de l'intérêt qui s'attachait à cet objet, mit alors en sûreté le papier ci-dessus décrit. J'avais espéré qu'en raison de l'abandon où l'on avait laissé ce vieux souvenir, il aurait été possible à la Fabrique de Nuits, moyennant compensation convenable, de faire rentrer au bercail ce reliquaire égaré. Je m'en ouvris à tous les vénérables doyens qui se sont succédé depuis et y compris M. Garnier, le bâtisseur, mais, hélas! j'en fus pour mes instances dédaignées.

La question est maintenant aux trois quarts résolue; un nouveau reliquaire en bronze ciselé attend qu'avec l'autorisation de Mgr notre Évêque, les fidèles de la paroisse de Nuits puissent enfin rendre des honneurs dignes d'elle à l'insigne relique de saint Bénigne qui leur provient d'Humbert de Vergy et de ses chanoines. Ce remarquable ouvrage d'orfèvrerie est dû au talent d'un jeune artiste Dijonnais en train de se faire un nom célèbre, M. Henri Dubret. *(Voir aux conclusions la description dudit reliquaire.)*

Reliquaires en forme de cadres, du dix-huitième siècle, retrouvés en 1879 au fond d'une armoire où ils avaient été enfermés en 1866, lorsque fut démolie, pour la reconstruction d'une nouvelle Église, l'ancienne collégiale Saint-Denis.

Avant cette année 1866, toute ma vie, je n'ai cessé de voir, chaque dimanche et fête, ces deux petites châsses de forme quadrangulaire et vitrées sur leur face ouverte comme des cadres, exposées sur l'autel Saint-Denis à la vénération des fidèles. Depuis qu'elles ont été retrouvées par Mlle Hélène Paris, une ancienne sacristine, j'en parlai à quelques personnes, mes contemporaines, qui m'ont assuré en avoir très nettement conservé le souvenir et promis au besoin l'appui de leur témoignage. Auparavant, jamais la curiosité ne m'avait suggéré l'idée d'examiner de près ces petits reliquaires, j'en ignorais absolument le contenu. D'ailleurs dans mon enfance, jamais personne ne m'en avait appris quoi que ce soit. J'en tire cette lamentable conclusion : sauf peut-être quelque humble et pieuse sacristine chargée de la parure des autels, parmi les simples fidèles, les fabriciens et même j'ose dire, les membres du clergé paroissial, nul ne s'en étant inquiété, pas un seul chrétien, dans notre doyenné de Nuits, ne se trouvait moins ignorant que je l'étais alors au sujet de ces reliques. Aussi, après que fut retrouvé ce trésor, quand M. l'abbé Salomon, alors notre doyen, voulut bien m'appeler au presbytère pour me faire part de cet heureux évènement et me montrer sa découverte, je reconnus à première vue ces petites châsses d'autel. Mais je ne saurais dire ma stupéfaction, ou plutôt ma confusion, dès que furent défroncées les froissures des étiquettes toutes recroquevillées par l'humidité, et qu'il nous fut possible de lire successivement les noms ci-dessous transcrits dans l'ordre suivant lequel les reliques sont attachées soigneusement au fond des deux cadres.

Je mets un numéro à chacune des châsses sans tenir compte de l'importance des reliques, et simplement pour en faciliter l'examen et classer avec un peu d'ordre mes observations.

N° 1

1. S¹ Rasend ex ossibus.	2. S¹ LEODEGAR ex ossibus.	3. S¹ Bernard ex ossibus.
	4. S¹ Eusicius os magnum.	
5. S¹ Anselme ex ossibus.	6. S¹ Pierre ex ligno.	7. S¹ Aubin ex ossibus.

N° 2

1. S¹ Valentinien ex ossibus.	2. S¹ Jean-Baptiste ex ossibus.	3. S¹ Paul ex ossibus.
	4. S¹ BÉNIGNE os insigne.	
5. S¹ Valentin ex ossibus.	6. S¹ Valentinien ex ligno.	7. Sœur du Saint Sacrement linge.

Je signale à la dernière place du reliquaire n° 2 le linge de la vénérable Marguerite du Saint-Sacrement; c'est la marque, la signature des révérendes Mères du Carmel de Beaune, à tous les reliquaires auxquels elles ont mis la main. La date de l'arrangement symétrique de nos reliques, dans ces cadres à tortillons, en papier doré sur tranche, ne doit pas beaucoup différer de celle où fut déposé à Boncourt le buste démodé de St Bénigne. Ce réceptacle, mis au rebut bien à tort, devait dans sa base renfermer la relique du saint patron de notre diocèse, actuellement au centre du cadre n° 2. Il est sans doute fort heureux pour nous que toutes les reliques contenues dans ces cadres sans importance ni valeur aient été délogées de leurs anciens reliquaires pour se conformer à un caprice de la mode alors en vogue; nous devons à la pauvreté de leur dernière demeure qu'elles aient pu, sans exciter la moindre convoitise, traverser la terrible époque des profanations et pillages qui ont déshonoré la fin du siècle dernier.

Encore quelques épaves.

Peu de temps avant sa nomination à l'archidiaconat de la cathédrale, Mgr Rouard, alors doyen de Nuits, me mit sous les yeux un cadre ovale, couché à plat parce qu'il n'avait plus de glace, et dans lequel se trouvaient pêle-mêle une grande quantité d'ossements brisés; quelques-uns d'une certaine importance sont encore munis de vestiges d'étiquettes. Proviennent-ils des riches reliquaires envoyés à Paris en 1792 par les soi-disant patriotes, pour être fondus à l'hôtel des Monnaies. Aurait-on pris soin, avant de perpétrer cet acte d'impiété et de sauvage vandalisme, d'en distraire les vénérables reliques et autres pieux souvenirs? Ceci est à vérifier. Quelle heureuse chance, si les nomenclatures des anciens inventaires et autres documents ci-joints pouvaient fournir quelque indication capable de nous mettre sur la piste de tant de reliques perdues! Tous ces ossements seraient-ils à jamais voués à la relégation au milieu des fatras et dans la poussière?

J'allais oublier de rappeler qu'au fond du sanctuaire

de l'ancienne collégiale Saint-Denis, on a pu voir jusqu'en 1866 l'édicule construit par les chanoines contre le mur de l'abside pour y renfermer leur trésor de reliques. Tous les fidèles de la paroisse de Nuits qui sont nés dans la première moitié de ce siècle doivent s'en souvenir. Il était construit en parpaing, c'est-à-dire en pierres de taille à deux parements apparents et occupant toute l'épaisseur du mur, d'environ quinze centimètres. La pierre ornementale qui servait de fronton à cette sorte d'armoire a été conservée. Elle est encastrée dans le parement intérieur du mur de la crypte de l'Église neuve, comme couronnement à la pierre tombale de Pierre Jeanniart. Ces deux débris, antiques souvenirs, se trouvent dans la travée du collatéral, laquelle précède immédiatement l'absidiole de l'autel Saint-Denis.

COMMENTAIRES

NOTE A

*Humbert de Vergy, fondateur de la collégiale et du cha-
pitre de Saint-Denis; Alix de Vergy, leur insigne bien-
faitrice.*

C'est sous l'égide d'Humbert de Vergy que, pour la
première fois, dans les archives de l'histoire, se trouve
inscrit le nom de la ville de Nui. Voici en quels termes
s'exprime l'obituaire de l'abbaye de Flavigny : « *X. Kal.
Decembris Humbertus Parisiorum episcopus obiit qui dedit
Ecclesiam S. Juliani apud Nui.* » Ma lettre sur les armoiries de cette ville qu'Émile Bergeret, mon excellent ami,
a bien voulu insérer dans son *Armorial Nuiton*, a signalé
l'ancienneté et l'intimité des relations qui existaient
entre l'abbaye de Flavigny et la maison de Vergy. André
Duchesne, aux preuves de son histoire généalogique de
cette noble famille, n'attribue seulement qu'à deux de
ses personnages le titre de seigneur de Nuits ajouté à
celui de seigneur de Vergy; l'un est Yvalon et le dernier
son fils Humbert.

Les leçons de l'*Ordo officiorum* nous font connaître la
grande dévotion d'Humbert envers saint Denis : *Clarus
in paucis inter sancti Dionisii cultores*, dévotion qui fut
récompensée dès ce bas monde. Car peu après l'institu-
tion du chapitre et de la collégiale de Vergy en l'honneur et sous le patronage de ce saint, son pieux fondateur fut jugé digne de prendre rang sur le siège épis-

copal de Paris parmi ses successeurs. Grâce à l'estime qu'il sut inspirer, il obtint à plusieurs reprises des moines de Saint-Denis quelques reliques de leur saint patron pour les envoyer à ses chanoines et fut ainsi dans nos contrées le promoteur de la dévotion à ce vieil apôtre des Gaules. D'abord humble grain de senevé, elle prit ensuite un tel développement que la collégiale de Vergy devint le centre d'un pèlerinage des plus populaires. On y obtenait toutes sortes de grâces et en particulier des guérisons d'épileptiques si multipliées qu'on en vint à appeler mal de Saint-Denis la terrible maladie de ces pauvres affligés.

La *Gallia Christiana* a publié une notice biographique sur Humbert de Vergy dans la série des évêques de Paris. On y apprend qu'il fut aussi bienfaiteur du monastère de Saint-Bénigne de Dijon, parce qu'avant de prendre possession du siège de Paris, il lui fit abandon d'une petite abbaye dite de Saint-Amateur, qu'il possédait près de Langres. Plus tard, il y avait déjà quelque temps qu'il était évêque, il envoya à l'abbé Halinard un Sacramentaire manuscrit avec inscription dédicatoire attestant sa libéralité. On peut voir encore aujourd'hui ce livre précieux à la bibliothèque publique de Dijon. Il est dans un état de conservation admirable.

Les bonnes relations entre Saint-Denis de Vergy et Saint-Bénigne de Dijon survécurent à l'évêque Humbert. On en retrouve le témoignage en plein quinzième siècle. Il y a une trentaine d'années, un artiste champenois, dans un ouvrage intitulé *Portefeuille Archéologique de l'Aube*, publia un document des plus intéressants pour notre diocèse; il est bon de dire qu'il provient de la collection du président Bouhier acquise par la bibliothèque de la ville de Troyes. C'est un rouleau des morts à l'usage de l'abbaye de Saint-Bénigne et orné en tête d'une miniature peu fine, il est vrai, mais excessivement curieuse; elle représente tous les détails du martyre de saint Bénigne. Je m'étonne que l'idée ne soit venue à personne de demander l'autorisation de la publier comme image pieuse pour les fidèles du diocèse. A la suite de cette représentation du supplice de notre saint patron et de la nomenclature des moines de tous rangs dont il s'agissait de communiquer le décès en réclamant des prières, est écrite la liste des maisons religieuses auxquelles devait être porté ce rouleau par un envoyé spécial de l'abbaye de Dijon. On y lit le nom de la collégiale de Saint-Denis de Vergy.

Cette si longue période de cordiales relations entre les deux maisons religieuses ne permet-elle pas de présumer que la relique de saint Bénigne signalée par l'inventaire de 1444 comme ayant été reconnue dans la grande châsse au-dessus de l'autel majeur de la collégiale, à Vergy, a été donnée par les moines de Saint-Bénigne à Humbert lui-même lorsqu'il installa dans son château les chanoines. Je me propose de démontrer au chapitre intitulé : Châsses et reliquaires, que de tous les meubles catalogués à l'inventaire susdit, cette châsse était incontestablement la plus ancienne. D'ailleurs les délégués de l'évêque d'Autun, avant de procéder à la nomenclature des reliques qui y étaient renfermées, avaient pris soin de déclarer que, de l'aveu de tous les assistants, on ne se rappelait pas que ladite châsse eût jamais été ouverte jusqu'alors.

Si Humbert fut le fondateur de la collégiale de Vergy, deux cents ans plus tard l'obligation de reconstruire cet édifice dont la ruine paraissait imminente fut imposée à la duchesse Alix, fille de Hugues de Vergy et de Gille de Trainel, épouse de Eudes III et mère de Hugues IV, ces deux princes ducs de Bourgogne. Malgré la position très difficile où l'avait laissée après vingt ans de mariage la mort de son mari, malgré les fondations importantes, telles que celles de l'abbaye du Lieu-Dieu, du couvent des frères prêcheurs de Saint-Dominique à Dijon, auxquelles elle eut la plus grosse part, et tant d'autres encore, elle s'employa avec son zèle et son désintéressement habituels à la réédification de Saint-Denis. J'ai trouvé dans la *Gallia Christiana* une attestation de l'importance qu'avait cette collégiale et de la célébrité dont elle jouissait à cette époque. Boniface, vingt-troisième abbé de Cîteaux, crut devoir par des lettres publiques faire appel à l'universalité des fidèles et les conjurer de la manière la plus instante afin qu'ils voulussent bien se prêter et coopérer aussi largement que possible à cette restauration du sanctuaire de Saint-Denis, à Vergy.

NOTE *B*

Se rapportant au testament de Guillaume de l'Arc, chanoine de la Collégiale de Beaune.

Au moyen-âge, on attribuait au saphir une vertu curative pour les maladies des yeux. Les visiteurs du trésor de l'abbaye de Saint-Maurice d'Agaune en Valais, ont tous pu remarquer un anneau antique avec chaton orné d'un gros saphir qu'on prétend avoir appartenu au chef de la légion thébaïne. Les pèlerins qui craignent pour leur vue se le font encore pieusement appliquer sur les yeux dans l'espoir d'obtenir leur guérison.

Les inventaires de Saint-Bénigne, récemment publiés dans les *Mémoires de la Société d'Histoire et de Géographie de Dijon*, par M. Prost, archiviste, signalent parmi les joyaux les plus précieux du trésor de l'antique abbaye un saphir enchâssé dans un anneau d'or et servant au même usage que celui de Saint-Maurice.

Au tome troisième des *Mélanges Archéologiques*, par les révérends Pères Martin et Cahier, est décrit le reliquaire de la sainte Larme, à Vendôme. Deux bagues sont attachées par une chaîne d'or à ce précieux meuble, l'une avec un très beau diamant, l'autre avec un rubis, et offertes pour honorer la sainte Larme.

D'après ces documents on peut supposer que Guillaume de l'Arc eut l'intention par le legs de son anneau non seulement d'honorer les reliques du trésor de Saint-Denis, mais encore de fournir aux chanoines de la collégiale de Vergy le moyen de soulager les pèlerins affligés de maladies aux yeux.

NOTE C
Concernant l'inventaire de 1444.

A l'époque de ce premier inventaire officiel des reliques du trésor de Saint-Denis de Vergy, la guerre de Cent-Ans n'est pas encore terminée; plusieurs villes normandes sont encore, ainsi que Calais, aux mains des Anglais. Dans nos régions bourguignonnes et même dans la banlieue de Dijon, leur capitale, la sécurité n'est pas complète. Les pays riverains de la Saône viennent d'être mis à sac par les compagnies franches, débris de ces troupes mercenaires et indisciplinées qui formaient alors le principal contingent des armées. Faute d'emploi, elles vivaient de pillages aux dépens de tous les pauvres habitants qui avaient la malchance de n'être pas abrités derrière les murailles d'une forteresse. Le châtelain de Vergy, d'après Courtépée, vient d'être réquisitionné pour aller avec ses gens d'armes dépister un chef de bande cantonné en pleine forêt, à Savigny-le-Sec, entre Dijon et Is-sur-Tille. Il rançonne avec sa troupe de brigands tous les pays voisins de son repaire. Par une triste coïncidence, les maux ne sont jamais sans cortège, les épidémies, *pestes mortalitatum*, les cataclysmes, *turbines temporum*, ont achevé de semer l'épouvante parmi les populations. Personne n'ose plus s'éloigner de sa demeure; on a interrompu les pèlerinages autrefois si fréquents et si courus. Les reliques de Vergy, auxquelles on avait tant de confiance dans les temps où l'on pouvait manifester sa ferveur, ont-elles perdu leur crédit? Les chanoines s'en inquiètent; ils prennent conseil de leurs supérieurs ecclésiastiques.

L'évêque d'Autun Jean II Rollin délègue deux commissaires, Henri de Salins, doyen de Notre-Dame de Beaune, et Hugon de Villeneuve (?), membre du chapitre de la cathédrale d'Autun, avec mission d'inventorier et vérifier les reliques de Vergy.

Ainsi qu'on peut s'en convaincre à la lecture de leur inventaire, ces vénérables personnages ne se piquent pas d'érudition; ils débutent par attribuer aux puissants Ducs de Bourgogne la fondation de la collégiale et de ses chanoines, due en réalité à Humbert de Vergy. Ils n'en soupçonnent même pas la date exacte au commencement du onzième siècle, l'an 1023.

En ce temps, on manifestait pour les reliques une ferveur et une dévotion qui n'ont jamais eu leur égale à d'autres époques; c'était à qui posséderait les plus précieuses et en réunirait le plus grand nombre; partout régnait une sainte émulation entre les fidèles pour leur faire honneur. Les chansons de gestes racontaient alors que Joyeuse, la fameuse épée de Charlemagne, renfermait, dans sa lame, la pointe de la lance qui avait percé le cœur de Notre-Seigneur Jésus-Christ; que la non moins célèbre Durandal, l'épée de Rolland, le neveu du grand empereur, contenait dans sa garde une dent de saint Pierre, des cheveux de saint Denis, du sang de saint Basile et du vêtement de la très sainte Vierge. On ne saurait donc s'étonner de la richesse du trésor de la collégiale de Vergy. Quelle merveilleuse nomenclature, combien d'antiques châsses et de curieux reliquaires!

Les commissaires ne s'attardent pas à de longues descriptions; ils ne doivent pas trop attirer l'attention sur la valeur de ces pieux objets, ni distraire les fidèles de leur dévotion envers les reliques qu'ils contiennent. Cependant ils font remarquer l'importance de la grande chàsse plaquée d'argent et de cuivre, dans laquelle, parmi beaucoup d'autres reliques, ils signalent celles de saint Bénigne et de saint Léger que nous avons le bonheur de posséder encore aujourd'hui. Toutes sont respectueusement enveloppées dans des sacs de soie, signe d'une haute antiquité. Les plus remarquables et les plus nombreuses sont les reliques de saint Denis, le puissant patron de la collégiale; il y en a non seulement dans la grande chàsse, mais encore dans un reliquaire merveilleux, de structure et de fabrication admirables.

On est heureux de trouver en cet inventaire deux fois répétée la déclaration formelle qui suit : *Quædam capsæ quæ a longis temporibus neque de memoriâ hominum fuerunt apertæ;* cette première fois, elle s'applique à l'ensemble du trésor. *Quæ, ut assistentes affirmábant, ex memoria hominum non fuerit aperta;* cette dernière fois elle regarde spécialement la grande chàsse au-dessus du maître autel où sont enfermées nos reliques de saint Bénigne et de saint Léger.

NOTE *D*
Concernant l'inventaire de 1552.

A la date de ce second inventaire nous sommes sous le règne de Henri II, et c'est pour se conformer aux ordonnances de ce prince qu'il fut procédé de nouveau pour notre trésor de reliques à cette formalité d'un inventaire, le précédent ne remplissant pas les conditions prescrites.

Ainsi que presque tous les souverains de sa race, Henri II faisait grand étalage de vie fastueuse, trop peu conforme, hélas! aux préceptes de la morale chrétienne. D'autre part, l'attitude des huguenots qui trouvaient moyen de pénétrer partout, mais seulement encore à la façon des taches d'huile, la politique cauteleuse des Espagnols, alors à l'apogée de leur puissance après Charles-Quint et sous Philippe II, l'obligeaient à rester toujours armé jusqu'aux dents; avec toutes ces complications compromettantes, il se trouvait pour battre monnaie réduit aux expédients les plus risqués. C'est ainsi qu'il avait établi un impôt de vingt-cinq livres sur chaque clocher et qu'il voulut en mettre un autre sur l'argenterie des Eglises.

Vergy faisant alors partie du domaine de la couronne ne put se soustraire à cette nouvelle réquisition fiscale. Le présent inventaire devant établir le total du poids et une estimation des métaux précieux composant le trésor de la collégiale, le relevé des reliques est loin d'y être complet; elles ne sont désignées qu'accessoirement, pour spécifier telle châsse ou tel reliquaire. Il n'en est pas moins indispensable à nos recherches de comparer ces deux inventaires qui ne peuvent bien se comprendre l'un sans l'autre. On y découvre que, dans l'intervalle de 1444 à 1552, plusieurs mutations au logement des reliques ont été opérées. Cet inventaire nous apprend aussi que le trésor de Saint-Denis de Vergy possédait une relique de saint Jean-Baptiste. Serait-ce celle qui se retrouve dans nos petites châsses en forme de cadre du dix-huitième siècle? Il y est fait mention d'un *agnel d'or attaché par une chaine qui pend d'un reliquaire* en façon de bras. Il devait sans doute être passé dans l'un des doigts de la main par laquelle sont toujours terminés les reliquaires de ce modèle. C'était peut-être l'anneau orné d'un saphir donné par Guillaume de l'Arc. Enfin on y parle du bras de saint André et aussi d'un vase orné de deux anges dans lequel, dit notre inventaire, on a coutume de porter le corps précieux de Notre-Seigneur Jésus-Christ, le jour de la Fête-Dieu. Nous avons vu, d'après André Duchesne, que Gille de Trainel, mère de la duchesse Alix, donna ce bras de saint André aux chanoines de Vergy et y joignit un vase précieux *in quo reponitur Corpus Domini*. Le vase signalé ci-dessus était-il celui de Gille de Trainel, approprié plus tard pour les cérémonies de la Fête-Dieu qui n'était pas encore instituée au temps de la pieuse donatrice ?

NOTE *E*

Châsses et reliquaires.

D'après les inventaires, la grande châsse au-dessus du maître autel de la collégiale était en bois, mais plaquée d'argent et de cuivre, à compartiments et colonnes dorés. L'inventaire de 1444 déclare qu'elle était belle *pulchram*, celui de 1552 nous apprend qu'*alentour d'icelle sont.....* *en argent les ymages des douze Apôtres, la plupart desquelles pour la grande................ d'icelle chapelle ont les têtes et les bras rompus et les entournures d'icelles sont de cuivre doré d'or.* Malgré ses lacunes, ce texte significatif donne à supposer que la châsse eut à subir le contre-coup de graves accidents survenus à la collégiale. *Les entournures* me semblent signifier les arcatures en relief sur les côtés droits de la châsse, sous lesquelles étaient disposées les figures en pied des apôtres. Bien qu'il y eût au onzième siècle des châsses très richement ornementées, leur structure ne variait guère comme ensemble. Le plus souvent elles avaient la forme d'une arche recouverte d'un toit, parfois arrondi en demi-cercle, moins rarement à deux versants réunis au sommet en angle droit. Pour agrémenter les côtés droits, les orfèvres s'étaient inspirés des sarcophages chrétiens des siècles qui suivirent immédiatement l'époque des persécutions, et leur avaient emprunté leur mode d'ornementation en arcatures avec personnage isolé ou groupe de figures représentant une scène, souvent compliquée. On voyait très fréquemment les douze apôtres, chacun dans son compartiment, présidés par le divin maître trônant sous l'arcature centrale. Dans la châsse de Vergy il n'est fait mention que des douze apôtres. Elle garde de nombreuses reliques dont on lit la nomenclature aux inventaires, presque toutes enveloppées à l'antique mode dans un sac de soie qui leur sert de linceul; cette même châsse dans l'inventaire de 1552 est spécifiée encore comme celle où reposent *les ossements du corps de saint Martin et de plusieurs autres saints.* Après 1444 on en a délogé la relique de saint Denis, *maximum et grossum os,* pour la réunir à ses autres reliques dans *un reliquaire en manière de chief ouquel est et repose le précieux teste et mandibule de M⁰ S' Denis.* D'après l'inventaire de 1444 les deux reliques ainsi désignées ci-après : *de menthone (pour de mento) scti Dionisii, de capite beati Dionisii* se trouvaient placées, la première dans le *pulcherrimo… argenteo artifice mirabili fabricato,* la seconde avec les reliques des saints Innocents et de sainte Marguerite.

Dans l'inventaire du temps d'Henri II, ce très beau reliquaire d'argent, ce chef-d'œuvre renferme alors *de la ceinture de la glorieuse Vierge Marie, de ses habillements, de ses cheveux,* et il est décrit comme suit : *ung rond reliquaire d'argent….. reliquaire de grande valeur.* Les chanoines n'ont pas jugé à propos d'exprimer éloquemment toute leur admiration à la face des agents du fisc qui les auraient très sûrement rançonnés au prorata de leur enthousiasme. J'ai copié ci-dessus la longue description de ce reliquaire extraite du mémoire de François Michel. Au premier abord cet écrit ne paraît pas en concordance avec les inventaires; d'après ceux-ci, le bel ouvrage d'orfèvrerie est en argent, il est en vermeil d'après François Michel. L'inventaire de 1552 déclare qu'il est rond, François Michel qu'il est sexagone, ce qui ne l'empêche pas d'employer deux fois au cours de sa description si laborieuse l'expression de circonférence. Il parle même, ce qui est aussi fort que la quadrature du cercle, d'extrémités de circonférence. Sexagone, n'est-ce pas un mot bien savant et qui ne sait pas taire son âge, c'est-à-dire l'époque où les encyclopédistes s'imaginaient avoir trouvé le dernier mot de la science. Au seizième siècle, sexagone ne pouvait avoir cours au pays de Vergy; aussi, tout simplement, les rédacteurs de l'inventaire ont écrit : *un rond reliquaire*. Quant au métal, il n'y a de différence entre argent ou vermeil qu'une légère dorure qu'on a eu tout le temps de pouvoir appliquer entre 1552 et l'époque où François Michel écrivit son mémoire. Car j'ai la certitude qu'une fois les chanoines de Vergy installés à Nuits, ils opérèrent de grands changements dans l'organisation de leurs reliques. Beaucoup de leurs anciens réceptacles furent supprimés, vendus peut-être, et le prix qu'ils en tirèrent fut dépensé pour l'acquisition de nouvelles monstrances et sans doute la dorure du plus précieux reliquaire de leur trésor.

Après le chanoine Michel, voici encore une dernière description du merveilleux reliquaire par M. Vienne, auteur de l'*Essai historique sur la ville de Nuits*. *Les reliques de saint Denis étaient enfermées dans un grand reliquaire en vermeil, don de la duchesse Alix, représentant le château de Vergy avec ses tours et fortifications. Conformément aux décrets de la Convention nationale, ce magnifique reliquaire, plus précieux encore par son antiquité, la délicatesse et le fini de son travail que par la matière, a été envoyé au département en 1792 avec l'argen-*

terie des Églises et des couvents. Il a dû être détruit et passé au creuset de la Monnaie.

M. Vienne vint s'établir à Nuits au commencement de ce siècle; il était d'âge à faire supposer qu'il eût admiré de ses yeux le chef-d'œuvre dont nous ne cesserons de déplorer la destruction. Je crains bien, hélas! que les éléments de sa description, si sommaire à côté de celle de François Michel, ne lui aient été fournis par ce dernier. Chose bien étrange, parmi les notes de Courtépée, à la bibliothèque de Dijon, on trouve une description de la forteresse de Vergy identiquement rédigée dans les mêmes termes que celle du reliquaire; de sorte qu'on ne sait laquelle a servi de type à l'autre. Malgré cette singulière tradition de reliquaire reproduisant la copie réduite du château de Vergy, je n'accepte pas qu'une même formule descriptive puisse indifféremment s'appliquer à une pièce d'orfèvrerie du treizième siècle et à une forteresse féodale sur le modèle de laquelle elle aurait été copiée. N'avait-on pas au dix-huitième siècle perdu l'intelligence des œuvres du moyen-âge? C'était le résultat du goût exclusif de cette pauvre époque pour les produits de la renaissance payenne. Afin d'expliquer ce qu'on était arrivé à ne plus comprendre, on inventa une quantité de légendes absurdes. Je trouve dans les *Caractéristiques des Saints*, par le R. P. Cahier, une note en renvoi sous le nom de saint Nectaire, au répertoire des saints, page 843, que je cite ici : *Les châsses des saints,* dit le savant religieux, *ont été parfois nommées FIERTES (c'est-à-dire forteresses). C'est que leurs nombreux petits dais surmontant les niches des statuettes rappelaient jusqu'à un certain point une citadelle du moyen âge avec ses donjons et tourelles plus ou moins ornés.* N'est-ce pas le cas de notre reliquaire : des contreforts à chaque angle de l'édicule central de forme hexagonale, des arcs-boutants servant d'amortissement entre les pinacles de ces con-

treforts et le couronnement en beffroi dudit édicule ne
donnent-ils pas l'explication vraie de ces soi-disant
escaliers couverts, signalés dans la description Michel et
tant d'autres détails parfaitement incompréhensibles.
Au treizième siècle on faisait de l'art sérieux. Les orfèvres
ne transigeaient pas avec leurs traditions pour tomber
dans l'enfantillage et le joujou. Un auteur de travaux
récents sur Vergy prétend que ce reliquaire, tout en or,
représentait le château avec ses quatorze tours. Il serait
temps de mettre un frein à ces exagérations qui versent
dans la plus grotesque fantaisie.

François Michel fait remonter ce reliquaire jusqu'au
temps d'Humbert de Vergy. Je partage l'opinion de
Courtépée et de M. Vienne, beaucoup plus sages et avisés
l'un et l'autre en estimant qu'il date du treizième siècle.
Il doit être contemporain de la collégiale rebâtie par
Alix de Vergy et, sans doute, n'eut-il d'autre raison
d'être que de servir de témoignage à la générosité des
fidèles qui, répondant à l'appel de l'abbé Boniface, s'asso-
cièrent à la bonne œuvre de la pieuse duchesse.

Je ne saurais passer sous silence dans l'inventaire de
1444 l'article ainsi conçu : *In parvo scrinio marmoreo.....*
mes yeux ne purent rencontrer ces mots, sans me
remettre aussitôt en mémoire un mignon petit sarcophage que j'avais dessiné au Louvre, il y a près de vingt
ans, en même temps qu'une hydre de pierre désignée au
catalogue du Musée comme provenant de Port-Royal, la
célèbre abbaye de si janséniste mémoire. Cette hydre
est l'une de celles qui ont servi aux noces de Cana et
contenu l'eau changée en vin lorsqu'à la demande de la
très sainte Vierge, sa mère, Notre-Seigneur Jésus-Christ
manifesta pour la première fois sa puissance par ce
bienfaisant miracle. Tout à côté de ce vase si précieux
par le grand souvenir qui s'y rattache et dont la place
serait mieux dans une Église catholique que dans un

Musée, se trouvait le petit sarcophage, objet de mon admiration. Bien qu'il ne fût long que d'environ 33 centimètres, toutes les autres dimensions à l'avenant, il me rappelait par sa forme les antiques tombes du cimetière des Aliscamps, à Arles; je le soupçonnai d'avoir servi de reliquaire, et ma pensée revenant chez nous, au pays bourguignon, dont les carrières fournissent des pierres si belles lorsqu'elles ont été polies, je rêvais d'en pouvoir faire tailler de semblables pour reliquaires dans nos églises si pauvrement pourvues. Le *parvum scrinium marmoreum* de l'inventaire a réveillé mes ambitieuses idées d'il y a vingt ans. Les verrai-je réalisées jamais? Faire tailler dans le marbre de notre pays un écrin de ce genre, y ensevelir dans un linceul tous ces débris d'ossements indéterminés qui doivent provenir du trésor de l'ancienne collégiale, ne serait-ce pas un hommage bien dû au souvenir des vieux chanoines de Vergy?

Au paragraphe catalogué sous la lettre *S*, l'inventaire de 1552 fait mention d'*un petit reliquaire d'argent en façon d'une Notre-Dame..... reliquaire d'une grande valeur*. Puisse la vivacité des regrets que nous éprouvons de la perte de ce reliquaire exciter nos efforts afin que nous retrouvions un type de Notre-Dame Saint-Denis, qui nous dédommage de cette Madone si précieuse, sans doute objet d'art des plus remarquables !

Je ne saurais négliger de faire remarquer, *bien qu'il ne soit pas d'une grande valeur*, ainsi que le prétend celui qui a rédigé le même inventaire de 1552, au paragraphe désigné par la lettre *M*, le pieux objet ainsi décrit : *Une petite paix d'argent en laquelle est pourtant en esmail un crucifix*. Si le vénérable préposé au tabellional qui dressa cet inventaire avait encore, à l'heure actuelle, la malchance de vivre en cette vallée de larmes, il pourrait reconnaître que son appréciation sur cette paix n'est pas précisément conforme à celle des experts d'aujourd'hui, tant sont estimés cher et recherchés les émaux. Quel grand dommage pour notre Église que ce petit meuble si curieux soit perdu !

NOMENCLATURE DES SAINTS

DONT LE TRÉSOR DE LA COLLÉGIALE DE VERGY

A POSSÉDÉ DES RELIQUES

Les lettres majuscules qui accompagnent ces noms de saints correspondent aux divers documents réunis sous ce titre : *Instrumenta* dans lesquels il est question desdits saints.

A, renvoie à l'inventaire de 1444;

B, à l'inventaire de 1552;

C, indique que leurs reliques se trouvent parmi celles encore conservées dans les petites châsses en forme de cadres décrites à la page 23 et suivantes.

D, signifie que le nom de ces saints est mentionné dans l'*Histoire généalogique de la Maison de Vergy*, par André Duchesne;

M, dans le mémoire du chanoine François Michel.

O, enfin, sert de marque aux noms qui sont enregistrés dans l'*Ordo officiorum* des chanoines de la Collégiale de Vergy, soit au calendrier, soit aux leçons de Matines.

Les noms imprimés en majuscules appartiennent aux plus populaires et vénérés de nos saints. On a retrouvé de leurs reliques dans les châsses encore existantes et leur trace authentique dans les anciens inventaires.

Sainte Agnès, vierge. A; de capite s. Agnetis virginis, dit l'inventaire de 1444. Peut-on, d'après cette mention si incomplète, affirmer que cette relique provienne du précieux corps de la célèbre vierge et martyre romaine? Elle reposait cependant *in parvo scrinio marmoreo* avec une ou plusieurs parcelles de pierres, sans doute, provenant du tombeau de Notre-Seigneur, *de sepulchro Christi.*

Saint André, apôtre, B, M, D. Nous savons, d'après André Duchesne, que cette relique fut donnée aux chanoines de Vergy par Gille de Trainel, mère de la duchesse Alix. Le chanoine Michel déclare que de son temps le bras de saint André faisait partie des reliques exposées entre les chandeliers armoriés des gradins, sur le maître autel à la romaine de la collégiale. Voir *Instrumenta*, page 20.

Saint Anselme, évêque et docteur, C. Les révérendes Mères du Carmel de Beaune, auxquelles avait été confiée l'organisation de nos cadres à reliques, ont par mégarde commis une erreur en inscrivant sur la bandelette de parchemin *E, M.* Ce qui signifie évêque et martyr. J'ai feuilleté en vain le martyrologe romain et autres répertoires, sans arriver à découvrir un martyr au nom d'Anselme. Il y eut évidemment confusion dans la mémoire de la religieuse chargée des étiquettes, qui pensa à saint Thomas comme saint Anselme, évêque de Canterbury. Saint Anselme fut également persécuté par son souverain temporel, fils de Guillaume le Conquérant; mais après un long exil en France, lorsque fut mort le roi qui prétendait asservir l'Église à ses caprices dans la personne de ce saint prélat, Anselme revint en son diocèse. Il passa presque tout le temps de sa disgrâce sur le territoire de notre province lyonnaise, voisine des pays alpins, sa patrie d'origine; il y entretint avec nos évêques de fréquentes relations, mais en sa qualité d'ancien moine bénédictin il eut surtout grand attrait à visiter l'abbaye de Cluny où saint Hugues lui offrit l'hospitalité la plus cordiale. L'abbé et le docteur ne purent se connaître sans demeurer unis, à partir de ce moment, par la plus étroite amitié. Un vieux moine, leur contemporain, raconte qu'il eut, par révélation surnaturelle, une vision de l'introduction au ciel de ces deux champions de l'indépendance et la liberté de la sainte Église. Ils étaient passés, dans la même semaine, de vie à trépas et firent ensemble leur entrée triomphale en paradis. Par sa mère, Aremburge de Vergy, saint Hugues de Cluny se trouvait être le petit-neveu d'Humbert. Bien que cette particularité n'indique pas comment est arrivée dans le trésor de la collégiale la relique de saint Anselme, elle n'en est pas moins fort intéressante et permet de supposer que les chanoines devaient tout spécialement apprécier ce souvenir d'un saint, grand ami d'un autre saint, proche parent de leur fondateur.

SAINT AUBIN, ÉVÊQUE ET MARTYR, C. Sans doute l'évêque d'Angers qui vécut au sixième siècle. Le trésor des reliques du monastère de Saint-Vivant, conservé aujourd'hui en majeure partie dans l'église paroissiale de Saint-Saturnin de Vergy, et dont les richesses ont été inventoriées et décrites par M. le chanoine Denizot en septembre 1884, dans le *Bulletin d'Histoire et d'Archéologie du Diocèse,* a le privilège de posséder aussi une relique de saint Aubin.

Saint Bénigne, martyr, patron du diocèse de Dijon, A, O, C. On ne s'explique pas, vraiment, comment la paroisse de Nuits a pu rester si longtemps à ignorer qu'elle compte, parmi les reliques qui lui restent du trésor de Saint-Denis de Vergy, la plus importante, sans aucun doute, des reliques de saint Bénigne vénérées dans le diocèse. Actuellement cet ossement précieux est encore fixé au centre d'un des cadres retrouvés sous le décanat de M. Salomon (voir *Instrumenta,* page 24). Il avait été jugé digne, auparavant, d'être enchâssé dans un reliquaire spécial par les chanoines de Saint-Denis à leur arrivée dans la ville de Nuits. (*Instrum.*, p. 21). C'était la relique du buste retrouvé à Boncourt-le-Bois; plus anciennement, elle reposait dans la châsse antique au-dessus de l'autel majeur de la collégiale à Vergy. Les commissaires de Rollin, évêque d'Autun, l'y avaient trouvée enveloppée dans un sac de soie jaune avec d'autres reliques, et l'inscrivirent dans leur inventaire après avoir constaté, ainsi que l'affirmaient les assistants, que jamais, de mémoire d'homme, cette châsse en bois plaquée d'argent et de cuivre n'avait été ouverte. On peut à coup sûr, malgré les trop rares détails fournis par sa description, reculer jusqu'au temps d'Humbert, c'est-à-dire au onzième siècle, l'âge de ce vénérable meuble. Il paraît donc bien légitime d'admettre que notre bel os de saint Bénigne fut donné par les moines de Dijon à Humbert lui-même, lorsqu'il s'occupait d'enrichir sa collégiale d'un trésor de précieuses reliques. Je ne saurais déterminer le nom scientifique qui convient à cet os important. Il est complet et se trouve dans toutes les conditions voulues pour être qualifié *d'insigne*, suivant l'expression de l'*Ordo officiorum* en son Calendrier : *propter insignes sancti Benigni reliquias quæ sunt in nostrâ Ecclesiâ.* Cependant je ne crois pas me tromper en disant qu'il fait partie de l'articulation tarsienne.

Lorsqu'on le compare à d'autres, par exemple à l'ossement de saint Eusicius fixé au centre du cadre n° 1, et qui est identique à celui de saint Bénigne, son aspect paraît singulier; quelques excoriations ont altéré le poli de sa surface, sa couleur n'est plus la même, on dirait qu'il a été comme infiltré, à la suite d'une cuisson, par une substance grasse; et l'on ne peut se défendre, en l'examinant attentivement, de penser à l'horrible bain de plomb fondu versé sur les pieds du saint pendant son supplice. Un homme de l'art doit pouvoir expliquer cet

étrange état de la relique; s'il était constaté scientifique-
ment, ne lui vaudrait-il pas un inappréciable surcroît de
valeur?

Saint Bernard, abbé, C. N'est-ce pas le grand abbé de
Clairvaux qui s'écriait : *de Marià nunquam satis?* En
Bourgogne et sur le territoire du canton même où fut
institué l'ordre de Cîteaux, ne sommes-nous pas autorisés
à acclamer saint Bernard; *de Bernardo nunquam satis!*
Les anciens seigneurs de Vergy, les ducs de Bourgogne
furent, les uns et les autres, grands amis des moines de
Cîteaux, qui eurent à les compter en maintes occasions
au nombre de leurs bienfaiteurs. Il est bien entendu que
ces derniers ne restèrent pas en retard, pour la recon-
naissance et les services rendus. Mais on ne saurait être
surpris que les chanoines de Vergy aient réussi à obtenir
une relique de saint Bernard.

J'ai entendu signaler à Mᵍʳ de Nantes, lorsqu'il n'était
que M. le curé doyen de Nuits, cette particularité des
reliques de saint Bernard. Elles ont une couleur spéciale,
m'apprenait-il, qui les fait reconnaître entre toutes. Ne
pourrons-nous, dans le diocèse, rencontrer un ecclésiastique au courant de cet aspect exceptionnel, afin de
confirmer l'authenticité de notre relique?

Saint Blaise, évêque et martyr, A, B, O, M. Excepté
André Duchesne, tous les documents écrits copiés au
chapitre des *Instrumenta* nous affirment la présence des
reliques de saint Blaise parmi celles de l'ancien trésor.
L'inventaire de 1444 les a reconnues dans la grande
châsse au-dessus du maître autel; celui de 1552 nous
déclare qu'elles ont changé de logement et se trouvent
alors *dans ung petit reliquaire couvert d'argent en manière
de croix.*

D'autre part, on lit dans le Calendrier de l'*Ordo officiorum*, au 3 février : *Sancti Blasii martyris duplex... exponuntur reliquiæ ejusdem sancti.* Enfin, il est encore

question de ces reliques dans le mémoire du chanoine Michel. Elles sont alors enchâssées dans l'un des quatre bras dorés ornant le maître autel entre les grands chandeliers. Toutes ces reliques ont disparu depuis les événements de la fin du siècle dernier.

Sainte Croix (parcelles de la), A, B. L'inventaire de 1444 signale parmi les reliques de la grande châsse du onzième siècle, *de ligno sanctæ Crucis* et en outre : *Item in parvâ cruce aureâ de ligno sanctæ Crucis.* L'inventaire de 1552 ne mentionne que dans le seul article *K* une relique de la très-sainte Croix. *Item ung aultre ymaigier d'argent auquel pend de la vraie croix de Notre-Seigneur.* On a perdu toute trace de ces parcelles si précieuses.

François Michel dans son mémoire, page 21, nous apprend que l'un des quatre autels secondaires de la collégiale de Nuits était dédié à la Sainte Croix.

Saint Denis, évêque et martyr, A, B, O, D, M. Il ne nous reste plus, hélas ! que deux minuscules parcelles équivalentes à peine chacune à un grain de blé des splendides reliques de saint Denis, patron du chapitre de Vergy, et plus tard de Nuits, après sa translation en cette ville. Humbert les avait impétrées, selon l'expression d'André Duchesne, des moines de l'abbaye de Saint-Denis, auxquels il les avait demandées, lorsqu'il eut pris possession du siège épiscopal de Paris, pour les déposer dans le trésor de la collégiale qu'il venait de fonder et propager dans nos contrées le culte de ce grand apôtre. Il devait encore, de son temps, exister, sur la montagne de Vergy, quelques vestiges de superstitions païennes, qu'il s'agissait de transfigurer en dévotions chrétiennes. Les leçons de matines dans l'*Ordo officiorum* nous renseignent pleinement sur le merveilleux succès obtenu par la piété de ce vénérable évêque. Depuis ce temps mémorable, plus de huit siècles se sont écoulés et l'écho en retentit encore dans notre paroisse de Nuits, où, chaque année le 9 octobre, les fidèles s'empressent autour de l'autel pour baiser les maigres mais bien précieuses épaves qui leur restent du si riche trésor d'autrefois.

Voici, d'après les vieux documents, l'inventaire spécial de ces importantes reliques de saint Denis : En 1444 on a trouvé dans la grande châsse du onzième siècle, au-dessus de l'autel majeur de la collégiale de Vergy, enveloppé dans le même sac jaune que les reliques de saint Bénigne et saint Léger, saint Blaise, saint Martin : *de corpore beati Dionisii unum magnum et grossum os.* On lit un peu plus loin, dans l'inventaire, à cette date de 1444, après la fâcheuse lacune de deux lignes d'écriture effacées par un pli de parchemin, *de corpore Beati Dionisii.* Quelques lignes plus loin encore : *Item in quodam pulcherrimo argenteo, mirabili arte fabricato,* etc., *unum maximum os de menthone (sic pour de mento) s. Dionisii.* Encore cette déclaration à la fin de l'inventaire dont elle est le dernier article : *in aliquddam imagine argento aureato fabricata, primum os ejusdem beati Dionisii.* En 1552, les reliques ont été réparties différemment dans les châsses et autres réceptacles. *Les précieux teste et mandibule de saint Denis reposent dans un reliquaire en manière de chief,* un buste sans doute, décrit au premier article de l'inventaire. D'après l'article *E* du même inventaire, on peut constater qu'on a réuni dans un seul reliquaire d'argent *du corps et des vêtements de saint Denis* avec des morceaux de vêtements ayant appartenu à la très sainte Vierge. Enfin l'article qui suit sous la lettre *F* signale un autre *ymaigier et reliquaire d'argent ouquel sont des ossements de Mᵍʳ saint Denis et du chief d'icellui.*

André Duchesne (page 57 de l'*Histoire généalogique de la Maison de Vergy*) écrit que les reliques *impétrées* par Humbert des moines de Saint-Denis, consistent *en deux os tirés du col de leur saint patron.*

Les leçons de matines du 16 octobre (*Ordo officiorum*)

fournissent aussi sur ces reliques de très intéressants détails. En juin 1050, Humbert, évêque de Paris, avec un certain nombre de prélats et hauts personnages avait assisté à une cérémonie pendant laquelle furent ouvertes et examinées les sépultures de saint Denis et ses compagnons martyrs. *Quasdam illorum reliquias nactus eas a se fondatæ Vergiacensi Ecclesiæ tribuit. Quibus et aliæ nonnullæ de sacris iisdem corporibus postmodum adjectæ....* Il résulte des termes de la fin de cette leçon que ces reliques proviennent des corps de saint Denis et de ses compagnons martyrs, ce qui n'enlève rien à leur valeur et leurs vertus. La preuve en est dans les miracles et grandes grâces obtenus par leur intercession, dont en terminant la même leçon énumère la série.

La leçon suivante décrit la plus merveilleuse de ces grâces, c'est-à-dire la résurrection d'un enfant de six à sept ans, tombé dans une rivière où il était resté une heure entière avant d'être repêché (voir la leçon VI, p. 14). Il y a un certain nombre d'années, j'avais adressé à M. le curé de Vercel (*Vercellæ Sequanorum*) copie de cette leçon, le priant de la communiquer à *Oussans*, qui se trouve dans le ressort de son doyenné. (On dit encore en patois *Oussans*, mais actuellement le nom correct est Orsans). Je lui demandais, en même temps, qu'il voulût bien me faire savoir si le souvenir de ce miracle était encore vivant dans le pays, et tout au moins, si la topographie indiquée par la leçon était exacte. M. le doyen eut l'obligeance de me répondre affirmativement pour la question topographique. M. le curé d'Orsans avait complaisamment posé la question à ses paroissiens, le dimanche, du haut de la chaire et consulté, en particulier, les anciens du village, sans pouvoir retrouver aucune trace de souvenir. Après plus de quatre siècles écoulés, puisque ledit événement miraculeux se passa en 1447, rien d'étonnant à ce que, dans un petit village ignoré, l'oubli s'en soit fait absolu, complet. Mais si l'on se rend compte de l'état des esprits à Vergy, chez les habitants et principalement les chanoines, au moment où fut dressé l'inventaire de 1444 par ordre de l'évêque d'Autun, tant les uns et les autres étaient découragés de l'abandon où les populations, autrefois si ferventes, avaient laissé la collégiale de Saint-Denis, on comprend le reconfort et la joie que dut leur apporter cette nouvelle de la résurrection du petit noyé d'Oussans par la vertu des reliques de leur saint patron.

On ne saurait élever de difficultés contre ce récit. Cet épisode d'un déplacement de reliques pour un motif sérieux (*certis de causis*) n'était pas, au moyen-âge, un événement anormal. En temps d'invasion, rien n'était plus fréquent que les transports de reliques pour les mettre en lieu sûr; témoin le voyage des reliques de saint Bénigne à Langres; l'odyssée de celles de saint Vivant, du Poitou à Vergy, en passant par l'Auvergne et le comté d'Amaous. On en trouve encore des exemples par suite de circonstances moins graves; je n'en citerai qu'un raconté par M. Voillery, curé de Pommard, dans un travail sur l'église de Meloisey (Côte-d'Or), publié aux *Mémoires de la Société d'Histoire et d'Archéologie de la ville de Beaune.* Il s'agissait, pour les moines de Luxeuil, d'une revendication de propriétés appartenant à leur abbaye et situées sur le territoire dudit village; elles avaient été usurpées par deux personnages des environs. Les religieux estimèrent utile au succès de leur cause la présence de quelques reliques de saints, qu'ils laissèrent à Meloisey, dans une chapelle, après avoir obtenu restitution de ce dont ils avaient été frustrés.

Dans le cas mentionné par la leçon de l'*Ordo* des chanoines de Vergy, ceux-ci avaient-ils jugé à propos de rappeler à leur clientèle de pèlerins habitant la Séquanie, qu'ils pouvaient en toute sécurité revenir à leurs pieuses habitudes du temps passé ? M. le curé de Vercel, dans sa lettre citée plus haut, me signale dans la Haute-Saône un village, Colombe-les-Vesoul, où l'on recourt à saint Denis, ainsi qu'on le fait encore à Nuits, pour les affections graves dans la région du cerveau. Ne serait-ce pas un vestige de l'ancienne coutume des pèlerinages à Saint-Denis de Vergy, depuis ces pays de la Franche-Comté ?

Le chanoine Michel, dans sa monumentale description du reliquaire en vermeil, détruit au cours de l'année 1792, trouve moyen de nous parler longuement des reliques de saint Denis. Il en vante le parfait état de conservation qu'il déclare miraculeux. Il entre même dans certains minutieux détails d'où il tire des déductions très réalistes sur la physionomie et la stature du saint martyr. Que ne pouvons-nous, *de visu*, juger de leur exactitude ! C'est tout ce qu'il m'est permis d'en conclure en me reportant à notre petite monstrance et son imperceptible relique, ou encore, au si peu important fragment d'os de saint Denis enchâssé dans la base du buste en bois doré, trop banal, hélas ! pour nous consoler des splendeurs perdues d'autrefois.

Sainte Élisabeth, A, M. De quelle sainte Élisabeth s'agit-il ici ? Ni dans l'inventaire de 1444, ni dans le mémoire du chanoine Michel, aucun qualificatif ajouté à ce vénérable nom de sainte, ne vient tirer d'embarras le chercheur qui se pose cette question. D'après l'inventaire, cette relique a été enfermée avec les plus insignes ossements de saint Denis dans la merveilleuse monstrance en vermeil détruite à la révolution. D'après le chanoine Michel, elle était exposée dans un des quatre bras dorés placés entre les grands chandeliers du maître autel de la collégiale. L'importance des places où elle fut honorée fait supposer que c'était une relique de la mère du saint Précurseur. En toute hypothèse on ne saurait trop en déplorer la perte. La belle-sœur d'Humbert de Vergy, qui approuva ainsi que ses fils la fondation de la collégiale, portait le nom d'Élisabeth. (Voir leçon IV, p. 15).

Saint Étienne, protomartyr, A. Seul l'inventaire de 1444 fait mention de cette précieuse relique; elle reposait dans l'ancienne châsse romane au-dessus du maître autel en compagnie de nos reliques de saint Bénigne et saint Léger. On n'en retrouve la trace nulle part.

Saint Eusicius, abbé confesseur, C. Ce saint est originaire du Périgord. Il était tout jeune encore, quand ses parents, réduits à la misère par la famine et d'autres calamités, le vendirent à un abbé de Perrecy. Il fut élevé dans l'abbaye de ce nom et y reçut le bienfait d'une éducation chrétienne, comme savent la donner les moines. Plus tard, il y fut ordonné prêtre et enfin, pour répondre aux aspirations d'une vie plus parfaite, autorisé à se retirer dans une solitude du Berry. La sainteté de sa vie lui attira des disciples et aussi des visiteurs. Parmi ces derniers, Childebert, fils de Clovis, voulut consulter le saint avant de partir pour aller combattre le roi des Visigoths Amalaric qui maltraitait sa femme, fille aussi du grand Clovis. Eusice prédit la victoire à Childebert. Au retour, ce prince fit construire à Celles, sur les bords du Cher, un monastère où le saint ermite rendit le dernier soupir et fut inhumé. Nous avons déjà dit, page 46, que la relique très remarquable de ce saint, qui occupe le centre de notre cadre n° 1, est absolument identique à celle de saint Bénigne. L'examen de cette relique si admirablement conservée n'aurait-il pas suggéré aux chanoines l'idée de déloger de la châsse, en forme de buste, dans laquelle ils l'avaient placée, la relique de saint Bénigne pour l'exposer, en pendant sur le même autel, dans un cadre semblable à celui qui contient celle de saint Eusicius, celle-ci par le contraste de sa blancheur et de sa conservation parfaite devant faire ressortir la teinte roussie et les excoriations de l'ossement de saint Bénigne. On peut aussi, en comparant leurs dimensions si différentes, constater la petitesse de la taille de saint Bénigne, le Syrien, et la belle stature d'Eusice, d'origine barbare, gallo-romaine ou celtique.

Saint Eustache, martyr, A. De dentibus beati Eustachii, dit l'inventaire de 1444, ce qui donne à supposer que le trésor de la collégiale ne possédait pas qu'une seule dent de ce saint. Aucune autre trace de ces reliques dans les documents plus récents.

Saint Eutrope, évêque et martyr, O. M. Ce saint personnage, d'après l'histoire et la tradition, fut disciple de saint Pierre et premier évêque de la ville de Saintes. Il y a bien un autre saint Eutrope dont les reliques reposaient en l'église de Clairvaux, l'abbaye cistercienne fondée par saint Bernard. Mais comme l'*Ordo officiorum* place, conformément au martyrologe romain, la fête de notre saint Eutrope au 30 avril, c'est de l'évêque de Saintes que devait provenir cette relique. Saint Eutrope est, ainsi que saint Pierre, patron de la paroisse de Gerland au doyenné de Nuits. Sa relique, exposée, d'après le chanoine Michel, dans l'un des quatre bras dorés, se trouvait sur le maître autel de la collégiale entre les grands chandeliers.

Saints Innocents, martyrs, A. Pas d'autre trace de ces reliques aujourd'hui disparues, que leur mention sur l'inventaire de 1444.

Saint Jean-Baptiste, A, C. Suivant quelques auteurs, Julien l'Apostat ayant fait détruire les reliques du saint Précurseur, aucune de celles qu'on peut présenter à la vénération des fidèles n'est donc authentique. Pourquoi lisons-nous dans la *Description du Duché de Bourgogne*, de maître Courtépée, en son article sur l'abbaye de Cîteaux, le renseignement suivant : *La plus considérable* relique est le bras de saint Jean-Baptiste enfermé dans un coffret de vermeil doré, sur lequel sont gravés cinq vers grecs, par lesquels on reconnaît que ce bras venait de Constantin Porphyrogénète qui régnait en 952; donné à Cîteaux par Otto de Cicons, prince de Romanie, qui l'avait eu de Baudoin, empereur de Constantinople en 1261. L'un de nos cadres renferme une parcelle d'os étiquetée au nom de saint Jean-Baptiste. L'inventaire de 1552, article D, s'exprime ainsi : *Item ung petit reliquaire d'argent..... ouquel est de saint Baptiste*; et article K : *Item ung autre reliquaire en façon de bras, lequel est couvert dårgent et en icelui un os de saint Jehan.* Il y a bien des lacunes dans cet inventaire, tant lui a fait subir de détériorations la faux inexorable du temps, à moins d'en attribuer, plus justement, la faute à la mauvaise qualité de l'encre et du papier ou parchemin des tabellions au seizième siècle. Chaque fois qu'il en est question, ce nom de saint Jehan se trouve écrit incomplètement. Peut-on supposer que le trésor de Saint-Denis possédait deux reliques de saint Jean-Baptiste, ou bien, une du saint Précurseur et l'autre de l'apôtre vierge. Mais la sépulture de l'apôtre qui reposa sur le cœur de Jésus étant inconnue, qui peut se flatter de posséder de ses reliques *ex ossibus ?* La parcelle d'os contenue dans le cadre n° 2 est-elle l'une des reliques de saint Jean-Baptiste signalées dans l'inventaire de 1552? C'est difficile à prouver d'une façon indiscutable.

Il existe dans notre église paroissiale de Saint-Symphorien une chapelle dédiée à saint Jean-Baptiste; sur une clef de voûte en forme de disque, autour de la tête du saint Précurseur sculptée en demi-relief, on lit ce texte de saint Mathieu, gravé en caractères du quinzième siècle : *Inter natos mulierum non surrexit major Johanne Baptistà.*

Saint Julien, martyr, A, O. C'est saint Julien de Brioude, très populaire autrefois dans nos contrées. La plus ancienne des églises élevées dans la cité de Nuits était sous son patronage. On doit se rappeler qu'Humbert de Vergy, seigneur de Nuits, l'avait autrefois donnée aux moines de Flavigny. Le calendrier de l'*Ordo officiorum* a religieusement inscrit au 28 août la fête double de l'aîné de nos saints patrons, saint Julien, mais sans la moindre mention de ses reliques. L'inventaire de 1444 est seul à les signaler parmi celles du sac jaune, dans la vieille châsse du onzième siècle au-dessus du maitre autel de la collégiale.

Saint Leodegar ou Léger, évêque et martyr, A, O. C. La relique que nous possédons encore aujourd'hui de ce saint dans le cadre n° 1 est l'une de nos plus précieuses. Elle a été signalée par l'inventaire de 1444 au nombre de celles du sac jaune dans la même châsse que celle de saint Julien. Une des leçons de matines de la fête des saints évêques d'Autun, dans l'*Ordo officiorum*, nous avertit du prix que nous devons y attacher. Saint Léger y est qualifié du titre de *patronus noster*.

La chronique de saint Vivant rapporte que le château de Vergy appartenait à Guérin, frère de saint Léger. Ebroïn, ce maire du palais de sinistre mémoire, l'implacable adversaire de ces deux saints personnages, fit choix de ce château, appelé alors *palatium*, pour y réunir des assesseurs à sa discrétion et composer un tribunal par-devant lequel il fit comparaitre les deux frères sous la fausse prévention d'attentat à la vie du roi Childéric. Guérin, condamné à mort, fut immédiatement lapidé aux pieds mêmes des murailles de son château, en un lieu appelé Couard. Un auteur contemporain va jusqu'à prétendre qu'il dut subir l'épouvantable supplice infligé à saint Erasme et représenté par le Poussin dans un de ses plus célèbres tableaux, aujourd'hui au musée du Vatican.

Ainsi qu'à Autun, lorsqu'à l'exemple du divin Maître il se livra pour sauver son troupeau, saint Léger, tandis qu'on mettait à mort saint Guérin, eut à endurer des tortures tellement cruelles qu'on ne saurait expliquer comment il put y survivre sans admettre un éclatant miracle. Ebroïn nourrissait cette idée satanique d'amener sa victime au désespoir et au blasphème à force d'horribles traitements, comptant ainsi lui faire perdre la couronne du martyre. C'est un moine son contemporain, biographe de saint Léger, qui nous a transmis ces faits monstrueux, ainsi que le détail de tous les tourments qu'il eut à subir. Bien qu'en lui faisant crever les yeux à Cucubar, près Autun, Ebroïn eût déjà aveuglé saint Léger, à Vergy, il ordonna qu'on le forçât à marcher pieds nus pendant plus d'une heure, au travers d'une piscine semée de pierres aiguës et perçantes comme des clous; il lui fit ensuite tailler les joues et les lèvres avec un fer tranchant, enfin couper la langue pour le mettre dans l'impossibilité de louer Dieu. Malgré ses affreuses blessures, le saint ne cessait de prier; au paroxysme de la fureur, les exécuteurs des férocités d'Ebroïn le dépouillèrent de ce qui lui restait de vêtements, et le conduisirent la corde au cou comme un vil animal à travers les places du pays, enfin le livrèrent à un nouveau bourreau non moins inhumain et sanguinaire qu'eux-mêmes, lui recommandant, avant de le faire mourir, d'épuiser sur lui leur rage inassouvie.

On voyait encore, il y a peu de temps, sur la montagne de Vergy, au nord des ruines du monastère de Saint-Vivant et au-dessous de la petite source connue sous le nom de fontaine du Reclus, une piscine dont le fond, en guise de sable fin, est garni d'éclats de pierres aiguës et tranchantes. Ce ne sont pas des pierres cassées à la masse comme du ballast, mais des éclats produits par le marteau des maçons, lorsque ces ouvriers transfor-

ment des blocs de pierre brute en moellons ou autres
matériaux de construction. Si les bourreaux de saint
Léger n'avaient connu d'avance cette piscine, ils n'auraient pas inventé cet atroce supplice, surtout pour un
aveugle, de la marche forcée sur ces pierres à pieds nus.
Le *palatium* de saint Guérin, qui était grand seigneur,
pouvait, au septième siècle, être pourvu d'une piscine
pour son approvisionnement de poissons, aussi bien
qu'au dix-huitième siècle le monastère de Saint-Vivant.
Aux deux époques cette piscine devait être construite et
aménagée dans les mêmes conditions. Il n'y a pas de
sable sur la montagne de Vergy. La truite est le seul
poisson qui puisse s'acclimater et prospérer dans les
rivières voisines; il lui faut une eau vive et limpide. La
piscine de la fontaine du Reclus, bien qu'à moitié com-
blée et envahie aujourd'hui par les éboulements et les
ronces, devait être la piscine du *palatium* au temps
d'Ebroïn et saint Léger. Je ne connais sur la montagne
d'autre fontaine que celle du Reclus. Je me suis demandé
autrefois sur ses bords bien souvent pourquoi cette
piscine avait le fond garni d'une couche aussi épaisse
de pierres coupantes. Combien je regrette aujourd'hui
de n'avoir alors étudié ni la chronique de saint Vivant
ni la vie de saint Léger; j'aurais fouillé et creusé une
tranchée sur cet emplacement pour essayer d'y découvrir des pierres marquées du sang de saint Léger.

Ce nom de Fontaine du Reclus n'est-il pas un indice
très significatif? Il a été donné en souvenir de quelque
pieux solitaire établi sur ce coin de terre bénite et arrosée
par le sang de deux martyrs, coin de terre prédestiné,
puisque deux siècles plus tard, le vieux Manassès de
Vergy y fit construire un monastère pour donner asile
aux reliques de saint Vivant et aux religieux qui les
avaient apportées.

L'interminable martyre de saint Léger, qu'à trois

reprises différentes recommencèrent ses bourreaux avec tous les raffinements de cruauté qu'ils purent inventer, la miraculeuse survivance de ce saint évêque après de telles tortures, impressionnèrent vivement les habitants des contrées qui furent le théâtre de ces effroyables scènes. On ne put refuser d'y reconnaître la surnaturelle manifestation d'une sainteté extraordinaire. Aussi, dans les diocèses d'Autun et de Langres, le culte de saint Léger fut longtemps des plus populaires. Nombre d'églises et de maisons religieuses le choisirent pour leur saint patron. Les religieux de Saint-Bénigne avaient inséré son nom dans leurs litanies des saints et rivalisaient de piété envers ce saint martyr avec les chanoines de Vergy. La paroisse de Meuilley, au sud de la montagne de Vergy, est encore aujourd'hui sous le patronage de saint Léger. C'est sans doute un des villages où l'entraînèrent si brutalement les valets d'Ebroïn, lorsqu'ils le remirent aux mains de ce personnage qui l'emmena jusqu'à Fécamp. La collégiale des chanoines de Notre-Dame de Beaune avait un autel dédié à saint Léger. On peut encore admirer aujourd'hui dans l'église de Ruffey, près de Beaune, un très intéressant tableau à compartiments, du quinzième siècle, et qui représente les principaux épisodes de la vie et du martyre de saint Léger. L'artiste s'est inspiré, pour la composition de ce tableau, de la Légende dorée de Jacques de Voragine. La paroisse d'Alise-Sainte-Reine est également sous le patronage de saint Léger.

Plus de soixante communes se glorifient encore de porter le nom de ce saint évêque martyr. En étudiant leur position sur la carte de France, on peut reconstituer l'itinéraire qu'il parcourut, depuis Autun et Vergy où il fut aveuglé et eut la langue coupée, jusqu'à Fécamp, où il put environ pendant deux ans consacrer ses jours et ses nuits, après que sa langue et ses lèvres

eurent repoussé miraculeusement, à prier et glorifier
Dieu ; enfin, jusqu'à cette forêt au diocèse d'Arras, où il
fut décapité par ordre d'Ebroïn, et à Saint-Maixent, en
Poitou, où furent triomphalement transférées ses reliques.
De ce long trajet, plus des deux tiers furent donc pour
ce glorieux martyr le chemin du Calvaire. La prolonga-
tion exceptionnelle des supplices de son martyre n'ont-
ils pas valu à ce saint pontife, avec une couronne et une
palme d'un éclat incomparable, une puissance d'intercession irrésistible ?

Saint Lupicin, abbé, A. L'inventaire de 1444 est le seul
document où il est fait mention de ce saint solitaire du
Jura vers la fin du cinquième siècle.

Sainte Magdeleine, pénitente, A, B. Nos deux inventaires signalent cette relique, le plus ancien en ces
termes : *de sanctâ Mariâ Magdalenâ;* le second dans
l'article *R : Item ung petit reliquaire de mestal ouquel est
du corps de la Magdeleine*. Nulle autre mention dans les
documents plus récents.

Sainte Marguerite, A. Aucune désignation ne vient tirer
d'embarras ceux qui peuvent se demander à quelle
sainte Marguerite appartenait la relique dont il est ici
question. L'inventaire de 1444 nous apprend qu'elle était,
avec celle de sainte Elisabeth, logée dans le reliquaire
du xiii° siècle si remarquable, qui contenait le fragment
de la mâchoire inférieure de saint Denis.

Très sainte Vierge Marie, mère de Dieu, A, B. En
dehors de nos deux seuls inventaires, il n'est fait aucune
mention de ces rares et si précieuses reliques, savoir :
*de Capillis beatæ Mariæ Virginis, de sacro....... Virgin
de la ceinture de la glorieuse Vierge Marie, de ses habillements, de ses cheveux (art. B), de la cotthe (sic) ou robe
blanche de la Vierge Marie (art. E).* D'après le plus
ancien, les cheveux se trouvaient dans le sac en soie
rouge de la châsse du onzième siècle, au-dessus du

maitre-autel; les vêtements dans le sac de soie jaune. D'après le dernier inventaire, les cheveux, la ceinture et une partie de la robe étaient enfermés dans le beau reliquaire du XIIIe siècle. Le morceau de vêtement désigné sous le nom de cotthe ou robe blanche se trouvait placé dans un autre reliquaire d'argent, à côté de parcelles du corps de saint Denis et de petites pièces d'étoffes provenant de vêtements de ce saint.

Saint Martin, évêque et confesseur, A, B, O. Trois paroisses du doyenné de Nuits sont sous le patronage de saint Martin. Toutes les trois se trouvent situées dans le voisinage de sources importantes et célèbrent leur fête patronale à la Saint-Martin d'été, le 4 juillet. Ces paroisses sont Arcenant, Prissey, annexe de Premeaux, et Vosne-Romanée. On lit dans l'inventaire de 1444 que cette relique de saint Martin repose en la grande chasse au-dessus de l'autel majeur de la collégiale, enveloppée dans le sac de soie jaune. L'inventaire de 1552 désigne ainsi cette même chasse : celle *en laquelle reposaient les ossements du corps de saint Martin et de plusieurs autres saints.* Au calendrier de l'*Ordo officiorum* la fête de saint Martin est indiquée au 4 juillet, il n'y est pas question de la même fête au 11 novembre. La relique de ce saint a disparu.

Saint Paul, C. Lequel saint Paul? Aucun renseignement ne fournit le moyen d'en être informé. Peut-on présumer que nous possédons dans nos petites chasses en forme de cadre une relique de l'apôtre des gentils? Voici ce qui me porte à le croire. Nous décrirons à l'article suivant une relique (*ex ligno*) de saint Pierre; nous en possédons une de saint Jean-Baptiste (voir page 55). Ces trois saints, Jean-Baptiste, Pierre et Paul, après la très sainte Vierge et saint Michel, sont les seuls dont nous invoquions spécialement les noms lorsque nous récitons le *Confiteor.* Nos vieux chanoines n'auraient-ils pas eu cette pieuse pensée d'enrichir le petit trésor des reliques de leurs cadres de parcelles appartenant à ce trio de saints auxquels nous nous adressons particulièrement pour obtenir la contrition avant de nous présenter au tribunal de la pénitence?

Saint Pierre, C. Cette relique (*ex ligno*) n'est-elle pas un petit éclat du bois de la croix sur laquelle le prince des apôtres voulut être crucifié la tête en bas? Ce bois précieux est conservé en grande partie à Rome dans les basiliques de Saint-Marc et de Saint-Pierre-aux-Liens. Saint Pierre, dans notre paroisse de Nuits, était patron de l'oratoire si connu sous le nom d'Ermitage et situé au-dessus de la montagne qui domine la ville du côté d'occident. Il existait autrefois une confrérie sous le patronage de saint Pierre. Il n'en reste d'autre souvenir que le bâton surmonté de la statue du saint actuellement à la sacristie de l'église Saint-Symphorien.

Saint Rasend, évêque et confesseur, C. L'étiquette de la relique de ce saint, dans le cadre n° 1, porte Rasene au lieu de Rasend. C'est une faute de copie; on a pris le *d* final pour la voyelle *e*. Rasend est une abréviation de Rudesindus. Je parle d'après le révérend Père Cahier, dont j'ai consulté le répertoire si documenté, dans son ouvrage intitulé : *Caractéristiques des Saints.* Ce saint prélat était espagnol et vivait au dixième siècle. Il fut successivement évêque de Mondonedo et de Compostelle, en Galicie. Après avoir, durant sa vie, fait preuve de vaillance et d'intrépidité contre les Maures du Portugal et les Danois du Nord, en vrai champion de la sainte Église, après sa mort, il ne se montra pas moins redoutable défenseur de ses libertés en intervenant miraculeusement depuis son tombeau contre les Ricos hombres, les Pharisiens de ce temps. Cette relique a dû être apportée à Vergy ou à Nuits par un pèlerin de Saint-Jacques. En aucun temps le pèlerinage de Compostelle n'a cessé d'être populaire. Au moyen-âge, il était fréquemment imposé comme pénitence aux criminels repentants. D'après M. Petit de Vausse, le duc de Bourgogne Hugues IV, fils d'Alix de Vergy, mourut au retour d'un pèlerinage à Compostelle. Dans une étude par Emile Bergeret sur l'ancienne confrérie de Saint-Jacques à Nuits, on lit ce qui suit : *Parmi les confrères les plus zélés, on doit citer les membres de la famille Penriot, de Gilly, qui firent partie de la confrérie pendant plus de cent ans; certains d'entre eux allèrent même en pèlerinage à Compostelle au commencement de ce siècle.* Il est à croire que si l'on a pu constater en plein dix-neuvième siècle des pèlerinages à Compostelle accomplis par des habitants de nos pays, pareils faits n'ont pu manquer de se produire aux siècles précédents.

Saint Sépulcre de Notre Seigneur Jésus-Christ, A. Un fragment précieux du Saint-Sépulcre avait été, suivant l'inventaire de 1444, déposé avec une parcelle de la tête de sainte Agnès *in parvo scrinio marmoreo.* J'ai déjà parlé, page 39, de ce petit écrin de marbre, à l'article intitulé : *Châsses et reliquaires.*

Ne fut-elle pas rapportée de Jérusalem par Hugues de Vergy, père de la duchesse Alix, et qui accompagna en terre sainte Philippe-Auguste, roi de France, cette relique impossible à obtenir aujourd'hui et qui a disparu, hélas ! ainsi que la parcelle de la tête de sainte Agnès et le petit écrin de marbre, lequel devait être si intéressant?

Saint Symphorien, martyr, A, O. Nous jouissons toujours du très grand privilège d'avoir ce jeune et héroïque martyr d'Autun, disciple de saint Bénigne, pour patron de notre paroisse. La belle relique de ce saint que possède notre église qui porte son nom, ne provient pas de l'ancien trésor du chapitre de Saint-Denis. Celle-ci, d'après l'inventaire de 1444, était placée à l'intérieur d'une statuette de Saint-Symphorien en argent doré : *in quâdam imagine argenti deaurati*. Ces précieux et pieux objets ont été détruits ou ont disparu sans qu'il soit possible de savoir comment.

Saint Valentin, prêtre romain, martyr, C. Il fut martyrisé à Rome au troisième siècle, sous l'empereur Claude le Gothique. On peut voir la représentation de son supplice en visitant les peintures murales de Saint-Etienne-le-Rond. Personne n'ignore que l'intérieur de cet édifice si curieux est orné de fresques par Pomerancio. Toutes les tortures, dont pendant trois siècles de persécution triompha l'héroïsme des saints martyrs, y ont été reproduites par le pinceau de cet artiste.

Saint Valentinien, C. Les répertoires que j'ai pu consulter n'ont inscrit sur leur liste que deux saints de ce nom, l'un évêque de Salerne, l'autre martyr en Lucanie, tous les deux originaires de cette partie méridionale de la péninsule italique, qui devint plus tard le royaume de Naples. Nos deux parcelles de reliques étiquetées au nom de saint Valentinien, doivent-elles être attribuées à chacun de ces deux saints homonymes ou seulement à l'un d'eux? En l'absence de documents, impossible de rien déduire avec certitude.

CONCLUSION

En résumé, voici ce qui nous reste actuellement du trésor de l'ancienne collégiale : deux minuscules parcelles des reliques de saint Denis, l'une dans une petite monstrance en argent, très portative, l'autre dans une capsule incrustée au bas d'un buste d'évêque en bois doré, mais de caractère absolument banal et sans aucune valeur artistique, ce qui ne l'empêche pas d'être trop prétentieusement appelé : le buste de saint Denis. Parfois on fait encore usage de la monstrance, quand il se présente, pour recourir à la vertu de la sainte relique qu'elle contient, quelque malade atteint de graves affections au cerveau, ou une pauvre mère éplorée apportant un enfant torturé par des convulsions.

Restent en outre les quatorze reliques des châsses en forme de cadres, cataloguées page 24 au chapitre des *Instrumenta*. Trois seulement de ces reliques, celles de saint Bénigne, de saint Léger et de saint Jean-Baptiste sont mentionnées sur les listes des anciens inventaires et de l'*Ordo officiorum;* mais s'ensuit-il que les onze autres ne sont pas authentiques? Je ne le pense pas et me permets d'en développer ci-après le pourquoi.

En premier lieu, excepté pour saint Bénigne et saint Léger inscrits très lisiblement sur l'inventaire de 1444 et aussi pour la vénérable Marguerite du Saint-Sacrement, d'âge trop récent puisqu'elle ne vécut qu'après le seizième siècle, on est en droit de faire une réserve en faveur de l'antiquité de toutes les autres reliques. Pour chacun des saints qui les désignent, rien ne s'oppose à ce que leur nom ait pu être inscrit dans l'intervalle des deux lignes de l'inventaire susdit de 1444, effacées complètement par un pli de parchemin.

Mais cette raison n'est pas absolument péremptoire, je poursuis. L'arrivée et l'établissement à Nuits des chanoines de Vergy fut vraiment pour cette ville un événement providentiel et une compensation réelle aux tragiques épreuves qu'elle avait eu à subir en 1569 et 1576. De ses trois églises, celle de Saint-Julien avait été détruite et les deux autres non seulement profanées, mais absolument mises à sac et pillées; les bâtiments dépendant de la communauté civile avaient subi le même sort et les trois quarts de ses demeures particulières avaient été incendiées, après le massacre d'un grand nombre d'habitants, malgré les conditions formelles de la capitulation. Les chanoines de Vergy ne vinrent qu'en 1600; le tiers de siècle écoulé depuis l'épouvantable catastrophe n'avait pas encore suffi aux survivants pour réparer les ruines, dégâts et horreurs commis par les reîtres allemands du duc de Deux-Ponts, ami et allié des huguenots qui l'avaient appelé sur notre territoire.

C'était cependant l'instant où commençait à se faire sentir l'influence réparatrice du Concile de Trente. En France, alors la terre catholique par excellence, s'annonçait déjà par d'heureux présages le merveilleux épanouissement de sainteté, de génie et de prospérités de toutes sortes qui ont fait du dix-septième siècle une époque exceptionnellement glorieuse dans les fastes de notre histoire.

Le jour où les chanoines de Vergy, à la suite de leurs reliques, entrèrent en procession dans notre cité, sonna pour ses habitants l'heure d'avoir, eux aussi, leur part des bienfaits de cette influence salutaire. La dernière phrase de la leçon VI des matines du 9 novembre, anniversaire de la translation, ne manque pas de faire ressortir l'importance du secours qui leur arrivait avec le chapitre. *Quo anno, placuit Henrico IV collegium canonicorum Vergiacensium Nuciacum transferri. Quo simul importatæ sunt de sancti Dionisii corpore insignes aliquot reliquiæ pretiosis capsulis inclusæ unà cum multis aliorum sanctorum reliquiis quæ in dictâ ecclesiâ ad hæc usque tempora servabantur. Nunc novæ Ecclesiæ ornamento pariter et populis undique advenientibus præsidio sunt.*

Est-ce par la vertu auxiliatrice de ces saintes reliques que sur une confrérie de la très-sainte Vierge, vieille de plus de deux siècles, puisqu'elle remontait à 1361, ainsi qu'on peut le vérifier aux archives de la fabrique, fut greffée, en 1622, pour lui redonner une vie nouvelle, l'association du Rosaire? Ainsi soutenue et transformée par la ferveur et la régularité des fidèles qui s'y étaient enrôlés, cette confrérie fut longtemps l'édification de la paroisse et se maintint jusqu'à la suppression du culte vers 1790. On peut voir encore aujourd'hui, chez une pieuse tertiaire dominicaine, l'image de la sainte Vierge qu'à chaque fête du rosaire on portait en grande pompe chez un nouveau confrère pour y demeurer jusqu'à l'anniversaire suivant.

N'est-ce pas à la même bienfaisante protection des saints de Vergy et de la Reine du très-saint rosaire que dut la ville de Nuits l'établissement d'un couvent de capucins sur son territoire en 1633? Ces religieux de Saint-François d'Assise, tout récemment institués, par l'austérité de leur observance, retraçaient les exemples de toutes les vertus qu'avaient si héroïquement pratiquées jadis les premiers compagnons de leur saint fondateur.

Enfin, l'année suivante, en 1634, la fondation à Nuits d'une communauté des filles de Sainte-Angèle de Meriei, qui avaient pris le nom d'Ursulines, ne doit-elle pas encore être attribuée à la même féconde et secourable influence. Cette pieuse maison offrait un asile aux jeunes filles du pays qui se sentaient de l'attrait pour la vie religieuse, ainsi qu'à celles qui, destinées à la vie de famille, avant l'arrivée de ces révérendes institutrices, n'avaient aucun moyen de se procurer une instruction sérieuse et solide sans s'éloigner de la maison paternelle.

Quelques années plus tard, l'ancienne Maison-Dieu, autrement dit l'hospice de Nuits, subit une transformation complète. Il remontait au moins jusqu'au treizième siècle, suivant le témoignage d'un ancien testament transcrit en entier dans la *Chronique de saint Vivant* et signé d'un personnage contemporain de la seconde femme du duc Hugues IV; l'auteur de cette pièce intéressante se nommait Anséric de Vergy. Au seizième siècle, lorsque tous les établissements publics de Nuits avaient été ruinés et incendiés par les bandits protestants de Casimir, l'hôpital fut compris dans cette dévastation générale. Les échevins se trouvant dans l'impossibilité de pourvoir aux reconstructions indispensables afin de rétablir cette maison sur son ancien emplacement à l'entrée de la ville, du côté de midi, au bord de la route la plus passagère de la région, force leur fut de se contenter, dans leur dénuement, d'offres gratuites, alors providentiellement proposées. Ce n'était, en ce temps, qu'une sorte d'hôtellerie destinée à loger au passage le personnel de cette clientèle de la mendicité, aujourd'hui connue sous le nom de chemineaux. Dans la seconde moitié du dix-septième siècle seulement ce charitable établissement devint en réalité l'expression vivante et vraie de l'esprit bienfaisant qui animait les habitants de Nuits. A un pieux mépartiste de Saint-Symphorien, nommé Antide Midan, revient surtout le mérite de cette heureuse métamorphose. Le zèle et la générosité de ce bienfaiteur de l'hôpital entraînèrent des cœurs non moins épris de charité que le sien; grâce à l'abondance des offrandes et des ressources, on put confier à des religieuses le soin des malades et des pauvres. Ainsi réorganisé, l'hôpital Saint-Laurent de Nuits se montra toujours à la hauteur des circonstances. L'admirable dévouement des dames hospitalières ne se démentit jamais. L'ordre merveilleux qu'elles ont toujours su y maintenir en dépit de tout obstacle et au milieu des complications les plus ardues, ont valu à l'hôpital un renom indiscutable et, même en 1870, pour les services rendus à notre armée, une décoration d'ordre exceptionnel. On ne peut se refuser à reconnaître que ce résultat si remarquable ne soit encore le fruit des bonnes semences apportées à Nuits par les chanoines de Vergy.

Courtépée, dans la description du duché de Bourgogne, à l'article concernant la ville de Nuits, nous rappelle que le chapitre de la collégiale Saint-Denis se composait de seize chanoines et d'un doyen. Une pétition adressée par un député extraordinaire, nommé Lémand, à l'Assemblée nationale, au nom de tous les habitants de la ville de Nuits, qui, malgré le décret supprimant les corps religieux, réclamaient le maintien de la collégiale et du chapitre, expose en ces termes les services que ce dernier rendait à la ville : *Peu riche, sa consommation annuelle est cependant un objet d'à peu près vingt mille livres; dans les calamités publiques, sa charité a toujours prodigué les secours aux malheureux; c'est parmi les ecclésiastiques de ce corps que sont choisis les sujets destinés à la desserte d'un hôpital assez considérable et celle de trois églises succursales de la paroisse de Nuits est presque toujours confiée à des membres de ce chapitre, dont le zèle actif offre aussi un secours tant au curé qu'à ceux des villages voisins dans les travaux du saint ministère. Enfin, ce qui n'est pas un moindre avantage de cet établissement, c'est la ressource qu'il présente aux citoyens dont les enfants sont appelés à l'état ecclésiastique; jeunes, ils s'y instruisent et s'y disposent aux fonctions du ministère pastoral; âgés, ils y trouvent une retraite après une longue et honorable carrière dans l'exercice de ces mêmes fonctions.*

Ce document et les noms de doyens cités par Courtépée nous prouvent que les chanoines de la collégiale Saint-Denis se recrutaient parmi les bonnes et chrétiennes familles de la région; plusieurs d'entre elles, celles des Bouhier, Macheco, Cortois, fournirent à l'épiscopat des sujets distingués. Les doyens étaient fort considérés et, à l'Assemblée des notables, ceux de Nuits avaient droit de préséance sur ceux d'Avallon et de Saulieu.

Si l'on se reporte à ce qui se passe aujourd'hui pour l'obtention des reliques, dès qu'il s'agit de récompenser la piété d'une paroisse ou d'une maison religieuse, d'aider à la reconstitution d'une confrérie, d'attirer la dévotion vers un nouveau sanctuaire et même de reconnaître un service rendu, qu'on s'adresse à Rome par l'intermédiaire de nos évêques ou autres personnages influents, que la pétition soit présentée à un sanctuaire ou autre établissement religieux richement pourvu, on est le plus souvent exaucé. Sur ce point, comme sur tant d'autres, la consigne de l'Église est toujours inspirée par le désir du bien et l'esprit de charité le plus large. Nous devons admettre que nos chanoines de Nuits étaient en relations cordiales avec les évêques sortis de leur rang; ils se trouvaient les ecclésiastiques les plus proches voisins de l'abbaye de Citeaux. La parenté d'Humbert de Vergy, leur fondateur, avec saint Hugues-le-Grand, abbé de Cluny, n'avait sans doute pas cessé entre les fils spirituels de ces deux nobles et saints personnages de servir d'inaltérable trait d'union.

Après toutes ces considérations, qui pourrait opposer aux chanoines de Nuits une impossibilité quelconque à leur légitime possession de reliques vraies et authentiques? Qui oserait se permettre de supposer qu'ils n'aient pas craint d'offrir à la vénération des fidèles, à côté de reliques telles que celles de saint Bénigne et saint Léger, des reliques douteuses?

Les petits reliquaires en forme de cadres, récemment retrouvés et reconnus, ont été exposés au siècle dernier dans la collégiale Saint-Denis, aussitôt qu'ils furent sortis du monastère des Carmélites de Beaune, auxquelles les chanoines de Nuits avaient confié le soin de leur organisation. C'était vers 1770. La simplicité des agréments sans valeur aucune qui servirent à leur ornementation fut leur sauvegarde. Ils survécurent à la destruction et au pillage en 1792. Aussitôt que furent rouvertes les églises, vers 1803, on les remit en honneur en les replaçant sur les autels tous les dimanches et jours de fête jusqu'en 1806, année de la démolition de l'ancienne collégiale. Vingt ans environ à la fin du siècle précédent, soixante et plus pendant notre dix-neuvième siècle ne leur ont-ils pas acquis un droit suffisant à notre vénération? Voilà plus de trente ans qu'ils ont été malencontreusement oubliés dans leur cachette; une réparation solennelle ne s'impose-t-elle pas! Le fâcheux état dans lequel l'humidité a mis ces cadres pendant leur abandon si prolongé au fond d'une armoire, sous une épaisse stratification de vieux linges de sacristie, nécessite d'autres réceptacles.

Les chanoines, dès qu'ils furent installés à Nuits, en 1609, crurent devoir extraire de la vieille châsse où elle reposait au milieu de tant d'autres, leur belle et insigne relique de saint Bénigne, pour la placer plus honorablement dans un reliquaire spécial. Elle y demeura environ un siècle et demi. Ne devons-nous pas rétablir dans les mêmes conditions ce vénérable ossement de notre premier apôtre au pays bourguignon, patron de notre diocèse et père dans la foi de notre patron paroissial saint Symphorien. Nous avons déjà parlé du reliquaire remarquable qui lui est destiné, œuvre de M. Henri Dubret, de Dijon. Il se compose d'un petit édicule très simple, supporté par un pied à la façon des monstrances. Sa structure rappelle l'abside de l'antique collégiale de Saint-Denis, dont le soubassement est le seul débris encore debout de l'ancien château de Vergy, sur la montagne de ce nom ; il est couronné de créneaux comme une tour de forteresse, et recouvert d'un toit en forme de croix, à bras d'égales longueurs et terminés symétriquement par quatre pignons au-dessus des quatre fenêtres romanes, au travers desquelles pénètre le jour dans l'édicule. Au point central de cette couverture, s'élève comme un clocher de beffroi une petite tour ronde éclairée également par quatre ouvertures à baies géminées. Son toit conique sert de base à une croix tréflée qui en termine le sommet fleuronné.

De chaque côté du reliquaire, au-dessous de la tablette des fenêtres latérales, sont appliquées en encorbellement, comme sur un fût de colonne rostrale, deux proues de navire sur le modèle des galères antiques. Ces proues sont chacune surmontées d'une plate-forme crénelée, remplaçant cet exhaussement du pont que les marins appellent gaillard d'avant, d'où se dresse un mât central maintenu par deux haubans ; l'un de ces mâts porte à son sommet la bannière des comtes de Vergy, l'autre celle des ducs de Bourgogne. Les blasons réunis de ces deux bannières ont fourni les éléments des armoiries de la ville de Nuits. On retrouve dans la crypte de l'église Notre-Dame Saint-Denis un échantillon de cet ornement singulier sur les côtés du piédestal de la statue de saint Denis, au-dessus de l'autel qui lui est consacré.

C'est un souvenir de la forteresse de Vergy, telle qu'elle est représentée sur les anciens sceaux de Guy de Vergy et d'Alix, sa petite-fille, qui épousa le duc de Bourgogne Eudes III. Cette sorte de formule héraldique est devenue, sur le reliquaire de M. Dubret comme sur le piédestal de la statue de saint Denis, l'expression monumentale de la comparaison que l'on retrouve dans quelques vieux auteurs qui assimilaient à un navire la crête de rochers sur laquelle était construite la forteresse de Vergy. Comparaison étrange, sans doute suggérée par de formidables travaux de défense à l'extrémité septentrionale du rocher, et auxquels on avait donné, ainsi qu'à la partie saillante en avant des galères antiques, le nom d'éperon.

Mais on ne saurait assez vanter l'art merveilleux avec lequel M. Dubret a su mettre en œuvre les données de ce programme, les rectifier conformément aux vraies règles de l'esthétique, établir les proportions de chaque partie de façon à ce qu'elles se fassent valoir les unes les autres, enfin répartir entre toutes une ornementation variée et spéciale qui, sans nuire à la simplicité et l'harmonie des lignes, imprime à leur ensemble un rare cachet d'élégance et d'originalité. En un mot, il se dégage un vrai charme de ce petit chef-d'œuvre, et l'on éprouve un profond regret de n'avoir pas les ressources voulues pour loger moins pauvrement qu'elles ne sont les reliques qui nous restent et, surtout, celle de saint Léger, qui a arrosé la montagne de Vergy de son sang. Il faudra bien aussi trouver moyen de remplacer notre triste buste de saint Denis, tant il va faire pauvre figure dans le voisinage du reliquaire de saint Bénigne.

Le jour de la fête des saintes reliques du diocèse, quelle solennelle et émouvante exposition au milieu du sanctuaire illuminé que celle des châsses et reliquaires sur un beau dressoir! Dans les paroisses très privilégiées qui possèdent un trésor de reliques, n'est-ce pas un devoir pour tous les fidèles de s'en faire honneur et d'accourir en foule au rendez-vous où les convoquent à leurs pieds les saints titulaires de ces souvenirs si précieux !

SEMAINE RELIGIEUSE DE DIJON

(83ᵉ année, Samedi 25 août 1897, n° 34, pages 548 et 549)

DES RELIQUES ANCIENNES

A une question posée par un évêque espagnol, la Sacrée Congrégation des Indulgences et saintes reliques a jugé devoir répondre le 20 janvier 1896 : *Les reliques anciennes doivent être conservées avec le culte dont elles ont joui jusqu'ici, à moins que dans un cas particulier il n'existe des preuves de leur fausseté.*

Reliquias antiquas conservandas esse in ea veneratione in quâ hactenus fuerunt; nisi in casu particulari certa adsint argumenta eas falsas vel suppositas esse.

A. Card. Steinhuber Praefectus.

Cette question intéresse spécialement les diocèses de France. En effet, la révolution y a détruit, à la fin du siècle dernier, beaucoup de châsses où étaient renfermées, sous le sceau des évêques, de précieuses reliques. Bien des authentiques ont disparu ; cependant il n'existe aucun doute sur l'authenticité même des reliques. Il serait à désirer qu'elles pussent être de nouveau présentées à la vénération des fidèles soit au jour de la fête des saintes reliques, soit au jour de la fête du saint, soit enfin lorsqu'il se fait des prières extraordinaires pour obtenir de Dieu quelque grande grâce !

Le saint Concile de Trente a confié aux évêques le soin de reconnaître et d'approuver les reliques des saints. Dans toutes les paroisses où sont conservées des reliques que l'on n'expose plus parce qu'au moment de la révolution leurs *authentiques* ont été détruits, MM. les curés feront acte de religion en demandant à leur évêque de faire la recognition de ces reliques et de les authentiquer. L'authentique qu'il délivre à cet effet porte ses armes, son sceau et sa signature. La signature doit être de sa propre main et non faite avec une griffe ; celle du vicaire général n'est pas valable, ainsi l'a déclaré la Sacrée Congrégation des indulgences et saintes reliques.

Pour copie conforme :

Nuits, 10 octobre 1898.

E. MÉRAY.

POST-SCRIPTUM

C'était, il y a deux ans, le quatorzième centenaire du baptême de Clovis. Une Revue, publiée à Reims en l'honneur de cet anniversaire solennel, inséra dans la suite intéressante de ses nombreux articles, avec les commentaires suggérés par les circonstances, le dernier paragraphe du préambule de la Loi Salique; en voici le texte :

Vive le Christ qui aime les Francs! Qu'il garde leur royaume et remplisse leur chef de la lumière de sa grâce! Qu'il protège l'armée, qu'il leur accorde des signes qui attestent leur foi, la joie de la paix et la félicité! Que le seigneur Jésus-Christ dirige dans les voies de la piété le règne de ceux qui les gouvernent! Car cette nation est celle qui, petite en nombre, mais brave et forte, secoua de sa tête le dur joug des Romains et qui, après avoir reconnu la sainteté du baptême, orna somptueusement d'or et de pierres précieuses les corps des saints martyrs que les Romains avaient brûlés par le feu, massacrés, mutilés par le fer, ou fait déchirer par les bêtes.

Cette vibrante acclamation n'est-elle pas inspirée par les grands évêques qui ont fait notre vieille France chrétienne, par saint Remi peut-être, auquel nous devons des prophéties sur notre avenir si étonnantes par leur merveilleuse clairvoyance?

A cette époque héroïque, les chefs prenaient conseil des évêques en même temps que le peuple les proclamait ses défenseurs.

Au déclin de notre dix-neuvième siècle, nous, les

descendants de ces Francs que Clovis conduisait à la victoire et qui, après avoir reçu le sacrement du baptême, le lendemain de Tolbiac, étaient appelés par vocation spéciale à former la garde d'honneur de la sainte Église, quelle attitude avons-nous gardée?

Nous n'accordons plus aucun crédit à la divine Providence et, en masse, avec un cynisme imperturbable, nous transgressons le précepte du repos dominical. Chaque année, de nouveaux fléaux, tempêtes violentes ou sécheresses torrides, insectes ravageurs ou végétations parasites, détruisent en grande partie les fruits de nos travaux; malgré tous ces avertissements significatifs, nous nous obstinons dans un irréductible endurcissement.

Dans le monde chrétien scandalisé, les hérétiques eux-mêmes nous lancent à la face, sans arriver à nous émouvoir, cet outrageant reproche, trop mérité, hélas : la profanation du Dimanche, c'est le péché français ! Sommes-nous aveuglés au point de ne plus distinguer de quel côté nous entraînent les prôneurs d'apostasie et de trahison? Croyons-nous encore à la sainteté du baptême et serions-nous disposés à prendre au sérieux ces intellectuels qui enseignent avec garantie du gouvernement à nos pauvres enfants qu'avant 1789, date fatidique, le soleil de la vraie civilisation ne s'était pas encore levé sur la France enténébrée? Espèrent-ils, par ces inepties, ceux qui les profèrent, se ménager une carrière longue et honorée? On ne saurait impunément insulter en bloc à la grande mémoire de nos ascendants, à la majesté de notre histoire! De par le quatrième commandement, nous devons honorer père et mère afin de vivre longuement; ce précepte oblige les nations non moins que les familles, et renier la France antérieure à 1789, c'est une apostasie et une trahison, un crime de lèse-patrie.

En ces jours de lutte ardente où le combat menace d'être terrible et acharné, tant l'erreur se montre opiniâtre et arrogante, il n'est que temps de reprendre possession de nous-mêmes. Souvenons-nous du vieux cri des Francs et serrons-nous autour de nos évêques; ils sont nos guides les plus sûrs et n'ont pas cessé d'être nos défenseurs!

A Dijon, Nos Seigneurs les évêques ont proclamé patron du diocèse saint Bénigne, martyr, l'apôtre de la Bourgogne; ils ont déblayé des décombres qu'y avaient amoncelés les philosophes du dernier siècle, précurseurs de nos intellectuels, l'emplacement de son tombeau; après avoir pieusement recueilli tous les débris qu'il a été possible d'en retrouver et restauré à grands frais le majestueux édifice qui surmonte la crypte antique où, jadis, reposaient les reliques du saint, au sommet d'une flèche merveilleuse reconstruite par les soins de Sa Grandeur Mgr Oury et qui est le plus splendide ornement de la cathédrale, ils ont arboré le signe du chrétien, la croix, dont saint Bénigne, par l'effusion de son sang, avait assuré le triomphe au milieu de nous. « *Per signum sanctæ Crucis, de inimicis nostris libera nos, domine Deus noster!* »

C'est le tombeau de saint Bénigne qui a fait Dijon capitale de la Bourgogne; dans la suite des temps, c'est sur les reliques de ce saint martyr que tous les ducs, rois et autres princes chargés du gouvernement de notre province, venaient jurer fidélité aux chartes qui assuraient aux cités et autres communautés leurs droits de franchise et liberté.

Par notre insigne relique de ce saint patron du diocèse, dont un des vitraux de la nouvelle église reproduit la pieuse et scintillante image, n'avons-nous pas des droits à sa puissante protection?

Les reliques de saint Denis l'aréopagite, patron de la

collégiale fondée par Humbert de Vergy, étaient de toutes celles de l'ancien trésor les plus importantes. Ce grand saint, disciple de saint Paul, apôtre des Gaules et premier évêque de Paris, fait partie du groupe des auxiliateurs, ainsi appelés en raison de l'efficacité de leur invocation. Les leçons de matines dans l'*Ordo officiorum* nous ont fait connaître le nombre et l'importance de ses bienfaits aux pèlerins de la collégiale de Vergy. Une personne qui vient de visiter récemment l'antique sanctuaire élevé à Montmartre sur l'emplacement du martyre de saint Denis m'apprend que, sur les murs de cet édifice, des inscriptions monumentales témoignent des nombreuses circonstances où, non seulement de saints personnages, de hauts dignitaires, mais encore de simples groupes de pèlerins, eurent recours à son intercession puissante et furent merveilleusement bénis et secourus.

Nous avons aussi le privilège de posséder encore deux précieuses parcelles des reliques de ce grand saint et un petit fragment d'os de saint Léger, évêque d'Autun, qui, en même temps que son frère saint Guérin, a arrosé de son sang la montagne de Vergy. Les divisions territoriales imposées à la fin du siècle dernier ne sauraient faire oublier que notre cité de Nuits et le château de Vergy, l'un et l'autre enclavés dans le diocèse d'Autun, situés au même territoire, au bord du même cours d'eau, étaient autrefois fraternellement unis par des souvenirs et des intérêts identiques. Vergy détruit, Nuits accueillit le chapitre de Saint-Denis qui, en s'y installant, n'eut point à s'expatrier, mais seulement à changer de résidence.

Saint Léger, que le chapitre de Saint-Denis appelait à Vergy *patronus noster*, par le fait de la translation de sa relique à Nuits, doit donc être considéré comme un des patrons de notre paroisse. Il était le plus célèbre de ces évêques héroïques, vrais champions de la liberté de la sainte Eglise, qui préférèrent le martyre au servilisme avilissant que voulait leur imposer Ebroïn, pour en faire les agents de son ambition extravagante; ainsi que voudraient aujourd'hui certains politiciens ravaler nos vénérables évêques au niveau de vulgaires fonctionnaires à leur discrétion.

En 1591, dix-huit ans avant l'établissement à Nuits du chapitre de Vergy, saint Léger vint miraculeusement au secours de son ancienne ville épiscopale sur le point d'être prise après trente-trois jours de siège par une troupe de calvinistes. Au moment où ces hérétiques livraient le premier assaut sur la brèche ouverte par leur artillerie, on vit apparaître au-dessus des combattants une figure d'évêque en habits sacerdotaux et les mains jointes dans l'attitude de la prière. De nombreux témoins oculaires, tous gens de bien et très dignes de foi, attestèrent avoir contemplé cette apparition qui dura de trois à quatre heures. Sans doute, ajoute l'historien, les prières du prélat chassèrent les ennemis qui, à leur grande honte et confusion, quittèrent la ville après avoir perdu de mille à douze cents hommes. Toute la ville y reconnut l'intervention de saint Léger; « pour donner à ce fait toute son authenticité, dit l'abbé Dinet dans son *Histoire de Saint-Symphorien*, et en perpétuer le souvenir, le révérend évêque Pierre Saulnier, avec son vénérable chapitre, institua la fête quadruple de l'apparition de saint Léger, fixée au 21 juin de chaque année ».

Tout appauvri et ruiné qu'est notre trésor de reliques, héritage de la foi de nos pères, qui les portaient en procession dans nos rues le jour anniversaire de leur translation à Nuits, il est encore assez riche pour exciter notre dévotion et inspirer confiance; nous avons par lui toute une phalange de puissants protecteurs à invoquer;

mais quelle longue période d'indifférence et d'oubli à compenser et réparer !

Les beaux exemples d'édifiante piété que n'ont cessé de nous montrer nos évêques envers saint Bénigne, les attestations de la ferveur des chanoines de Vergy et de Nuits envers leurs précieuses reliques, que nous transmet l'*Ordo officiorum*, enfin le préambule de la Loi Salique nous découvrant le secret des divines complaisances du Christ pour les vieux Francs, doivent surabondamment nous convaincre de ce qui nous reste à faire aussitôt que sera octroyée l'autorisation d'exposer de nouveau sur nos autels les reliques si vénérées par nos pères. Espérons que la phrase finale de la leçon matutinale qui raconte la translation de ces reliques à Nuits redeviendra, comme jadis, d'une exactitude photographique : *Nunc novæ ecclesiæ ornamento pariter et populis undique advenientibus præsidio sunt.*

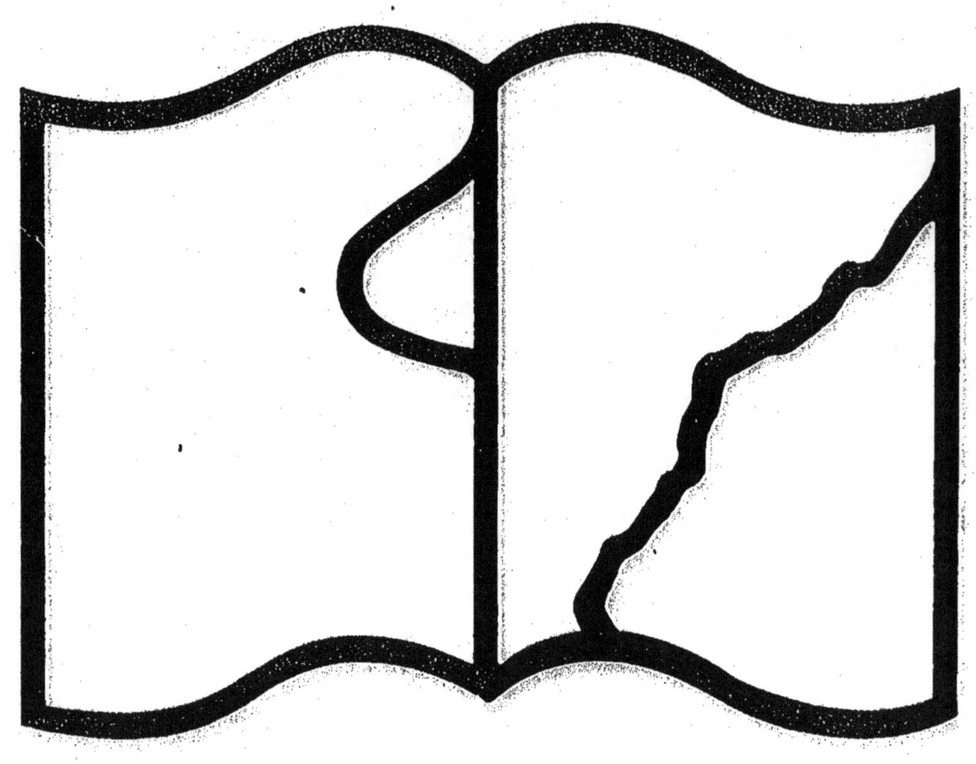

Texte détérioré — reliure défectueuse

NF Z 43-120-11